机动车驾驶培训智能化教学手册

JIDONGCHE JIASHI PEIXUN ZHINENGHUA JIAOXUE SHOUCE

《机动车驾驶培训智能化教学手册》编写组◎编

人民交通出版社
北京

内　容　提　要

本手册以《机动车驾驶培训教学与考试大纲》为依据，结合东方时尚驾驶学校股份有限公司多年来积累的教学实践经验，将 VR 技术与 AI 技术成果完美结合，创建驾培行业智能教学新模式，根据动作技能形成规律，按由易到难、相互促进的方法推进教学，合理安排教学内容和顺序，形成规范化、标准化的教学方法。

本书主要供从事机动车驾驶培训工作的教练员学习使用，也可供提升驾驶技能的驾驶人参考。

图书在版编目(CIP)数据

机动车驾驶培训智能化教学手册/《机动车驾驶培训智能化教学手册》编写组编. —北京：人民交通出版社股份有限公司，2024.5

ISBN 978-7-114-19261-6

Ⅰ.①机…　Ⅱ.①机…　Ⅲ.①汽车驾驶员—教学研究　Ⅳ.①U471.3

中国国家版本馆 CIP 数据核字(2023)第 249335 号

书　　名： 机动车驾驶培训智能化教学手册
著 作 者：《机动车驾驶培训智能化教学手册》编写组
责任编辑： 范才彬　范　坤
责任校对： 孙国靖　宋佳时
责任印制： 刘高彤
出版发行： 人民交通出版社
地　　址： (100011)北京市朝阳区安定门外外馆斜街 3 号
网　　址： http://www.ccpcl.com.cn
销售电话： (010)59757969，59757973
总 经 销： 人民交通出版社发行部
经　　销： 各地新华书店
印　　刷： 北京市密东印刷有限公司
开　　本： 787×980　1/16
印　　张： 11.5
字　　数： 208 千
版　　次： 2024 年 5 月　第 1 版
印　　次： 2024 年 5 月　第 1 次印刷
书　　号： ISBN 978-7-114-19261-6
定　　价： 60.00 元

《机动车驾驶培训智能化教学手册》编写领导组

组　长：舒　驰　人民交通出版传媒管理有限公司董事长
　　　　刘　韬　人民交通出版传媒管理有限公司总经理
副组长：王振军　人民交通出版传媒管理有限公司副总经理
　　　　闫文辉　东方时尚驾驶学校股份有限公司副董事长
成　员：李　洁　人民交通出版社股份有限公司安全驾驶产品研发与推广中心主任
　　　　刘　硕　北京京安驾驶人安全与素养研究院院长
　　　　何　亮　人民交通出版社股份有限公司运输服务出版中心副主任

编写工作组

主　编：闫文辉　东方时尚驾驶学校股份有限公司副董事长
副主编：刘　硕　北京京安驾驶人安全与素养研究院院长
　　　　曾　诚　交通运输部公路科学研究院汽运中心研究员
　　　　夏　韡　人民交通出版社股份有限公司安全驾驶产品研发与推广中心副主任
成　员：弓　芳、杨宝华、马　宏、刘建莹、段桂江、舒妮娅、赵　旭
　　　　李　峰、郑先伟、范　坤、刘泽宇、王金霞、范才彬

preface

前言

本手册是交通强国建设试点任务“道路交通安全文明素质教育”试点成果，以《机动车驾驶培训教学与考试大纲》为依据，结合东方时尚驾驶学校股份有限公司多年来积累的教学实践经验，将 Virtual Reality（VR）技术与 Artificial Intelligence（AI）技术成果完美结合，创建驾培行业智能教学新模式，根据动作技能形成规律，按由易到难、相互促进的方法推进教学，合理安排教学内容和顺序，形成规范化、标准化的教学方法。

本手册作为一本供小型汽车驾驶培训教练员教学使用的工具书，有如下三大突出亮点：

一是详述驾驶操作理论。通过划分清晰的教学项目，将训练方法具体到动作的讲解，并针对教学过程和考试中易出现的重点和难点问题进行剖析和解释，可以帮助教练员进一步掌握每个驾驶动作的逻辑和原理，对知识融会贯通，做到让教练员“知其然”并“知其所以然”，从而为教练员在驾驶技能教学过程中给学员讲解基本操作方法提供强有力的理论支撑。

二是规范培训教学标准。通过将东方时尚驾驶学校股份有限公司多年来积累的教学经验提炼成标准化、系统化的技术动作，达到规范教练员教学行为和执教标准的目的，进一步提升教练员教学水平，保证培训质量，紧握生存之本。

三是融入素质教学内容。促进教练员在教学活动中适时穿插讲解交通安全文明知识,在进行实际操作教学的同时帮助学员养成良好的安全文明守法意识,为改善道路交通安全环境打下坚实的基础。

相信通过阅读本手册,教练员可以有效提高智能教学教具操作能力,提升驾驶操作理论素养和教学水平,能够利用未来科技指导学员快速掌握驾驶技能,同时有效吸收驾驶理论知识,提高安全文明意识。

《机动车驾驶培训智能化教学手册》编写组

2024 年 3 月

名词术语的解释说明

为适应机动车驾驶培训行业实际需要，便于教练员使用和理解，本手册中的名词术语都使用了通俗名称。下面列出各种常见术语的通俗名称以及操作指导中的通俗讲法与规范术语的对照关系。

通俗名称	操作指导中的通俗讲法	规范术语
方向盘	回轮、打轮、打方向	转向盘
刹车	刹车、踩刹车、抬刹车	制动/制动踏板
油门踏板	油门、加油、收油	加速踏板
离合踏板	踩离合、抬离合	离合器踏板
变速杆	挡把儿、摘挡、挂挡	变速器操作杆
手刹	拉手刹、松手刹	驻车制动器
雨刷器、雨刷、雨刮	开雨刷器、开雨刷	刮水器
大灯	开启大灯	前照灯
钥匙门	着车	点火开关
电瓶	检查电瓶	蓄电池
水箱	检查水箱	散热器

contents

目录

第一章 车辆基本常识

课程目的：了解和掌握小型燃油汽车和纯电动汽车的基本构成及各组成部分的基本功能。

第一节 燃油车结构常识

燃油汽车一般由发动机、底盘、车身和电气设备四个部分组成，见图1-1。

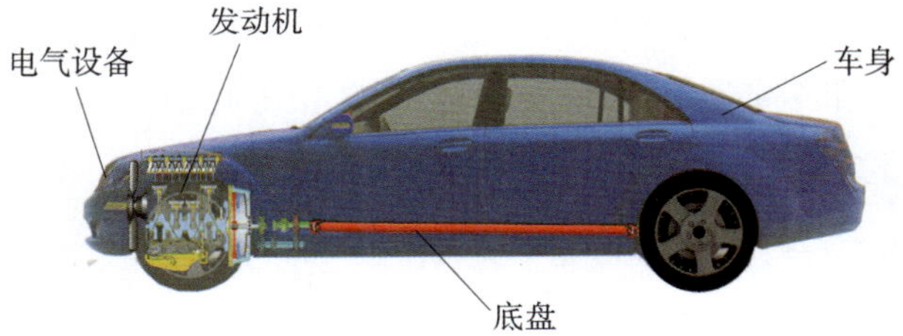

图1-1 燃油汽车的结构示意图

一 发动机

发动机是汽车的动力供给装置，将燃料燃烧产生的热能变为机械能。汽车发动机常见的有汽油发动机和柴油发动机两种。

二 底盘

汽车底盘将发动机输出的动力传给驱动车轮，使汽车行驶，并保证汽车按照驾驶人的操纵正常行驶。汽车底盘由传动系、行驶系、转向系和制动系组成。

1 传动系

传动系由离合器、变速器、万向节、传动轴和驱动桥等组成，下面对离合器和变速器做简要介绍。

(1)离合器

离合器的功用是使发动机输出的动力与传动系分离或接合。在汽车起步、加减挡、停车等操作中,都需要使用离合器。

(2)变速器

变速器的功用是通过变速器内不同齿轮的啮合,改变汽车的动力、速度和进退方向,使汽车加速、减速或倒车。

变速器有手动变速器和自动变速器两大类,其中,手动变速器是汽车行驶时,驾驶人根据汽车速度和发动机转速等操纵变速杆实现挡位的变换,而自动变速器则是汽车行驶时,系统自动根据汽车速度和发动机转速进行挡位的变换。

2 行驶系

行驶系由车架、车桥、悬架和车轮等组成。行驶系的基本功用是承受汽车的总重量和地面的反力,缓和不平路面对车身造成的冲击和振动,接受传动系的动力,与转向系配合,使汽车正常行驶。

3 转向系

转向系由方向盘、转向器、转向节、转向节臂、横拉杆、直拉杆等组成。转向系的基本功用是按照驾驶人的意愿控制汽车的行驶方向。

4 制动系

制动系由制动供能装置、控制装置、制动传动装置和制动器等组成。制动系的主要功用是使行驶中的汽车减速甚至停车,使下坡行驶的汽车速度保持稳定,使已停驶的汽车保持不动。

三 车身

车身主要功用是保护驾乘人员以及构成良好的空气力学环境,从使用功能上分为载客或载货两种。

车身从结构上分为承载式和非承载式两种。相对非承载式车身而言,采用承载式车身的汽车质量小、质心低,高速行驶稳定性较好。

四 电气设备

汽车电气设备的功用是保证汽车基本功能的使用和驾驶辅助系统可靠工作，同时也给汽车娱乐和通讯设施供电。电气设备主要由蓄电池、起动系、点火系、照明系统、信号装置、仪表和报警装置、辅助电气设备和汽车电子控制系统等组成。下面简要介绍蓄电池、起动机、点火系、仪表和报警装置、照明系统的功用。

1 蓄电池

蓄电池的功用是发动机起动时向起动机供电，同时辅助发电机向用电设备供电。

2 起动机

起动机的功用是将蓄电池的电能转化成机械能，带动发动机飞轮旋转，实现发动机的起动。

3 点火系

点火系的功用是按照汽缸的点火次序，定时向火花塞供给足够高能量的高电压，使火花塞产生足够强的电火花，引燃汽缸内被压缩的可燃混合气。

4 仪表和报警装置

仪表和报警装置的功用是监测发动机和汽车的工作情况，它采用合适的方式显示汽车及发动机的运行参数及异常情况，为驾驶人提供所需的汽车运行参数信息。仪表主要包括车速里程表、发动机转速表、水温表、燃油表以及各种警告灯、指示灯。

5 照明系统

照明系统的功用是照明、提醒、警示和提高行车安全性，是汽车安全行驶的必备设备之一。照明系统主要包括外部照明装置、内部照明装置、外部信号装置、内部信号装置等。

第二节 纯电动汽车结构常识

纯电动汽车是以车载电源为动力,用电机驱动车轮行驶的车辆。与燃油汽车相比,纯电动汽车取消了发动机,底盘上的传动机构发生了改变,并增加了电源系统和驱动电机系统等。纯电动汽车主要包括电源系统、驱动电机系统、整车控制系统和辅助系统等,见图1-2。动力电池输出电能,通过电机控制器驱动电机运转产生动力,再通过减速机构将动力传给驱动车轮,使电动汽车行驶。

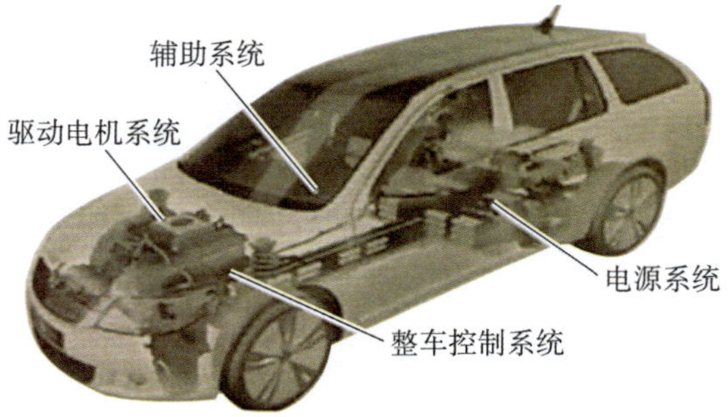

图1-2 纯电动汽车的结构示意图

一 电源系统

电源系统由动力电池、电池管理系统、车载充电机及辅助动力源等组成。下面对动力电池和电池管理系统做简要介绍。

1 动力电池

动力电池是电动汽车的动力源,是能量的存储装置。目前,纯电动汽车以锂离子电池为主。

2 电池管理系统

电池管理系统实时监控动力电池的使用状况(温度、电压、荷电状态等),通过限流控制和避免动力电池过度充电、过度放电,对电池有关参数进行显示和报警,以便驾驶人随时掌握并配合操作。

二 驱动电机系统

驱动电机系统由电机控制器和驱动电机等组成。电机承担着电动和发电的双重功能,即在正常行驶时发挥电动功能,将电能转化为机械旋转能;而在减速时承担发电机功能,将车轮的惯性动能转换为电能。电机控制器对驱动电机的转速、转矩和旋转方向进行控制。

三 整车控制系统

整车控制系统根据驾驶人输入的加速踏板和制动踏板的信号,向电机控制器发出相应的控制指令,对电机进行启动、加速、减速和制动控制。

在纯电动汽车减速时,整车控制系统配合电池管理系统进行发电回馈,使动力电池反向充电。

四 辅助系统

辅助系统包括车载信息显示系统、动力转向系统、导航系统、空调、照明及除霜装置、雨刷器等,借助辅助设备可以提高汽车的操纵性和乘员的舒适性。

小知识

纯电动汽车使用常识

电动汽车在起步、加速、上坡时,尽量避免猛踩加速踏板,形成瞬间大电流放电。

当纯电动汽车 SOC 显示 20% 左右时,应及时充电。充电方式有快充和慢充。快充时的电流、电压较高,短时间内对电池的冲击较大,因此,对电池保护散热方面有更高的要求,并不是每一款车型都可以快充。驾驶人要阅读车辆使用说明书,选择最佳的充电方式。

纯电动汽车制动能量回收等级的选用要考虑制动的安全性,即车辆进行制动时,首先需要保证制动系统满足驾驶人的制动需要和制动时车辆的稳定性,在此前提下再考虑回收制动能量的多少。

第三节 车辆安全装置

车辆安全装置主要包括：安全带、头枕、安全气囊以及一些电子安全辅助系统，其中电子安全辅助系统主要包括防抱死制动系统、电子制动力分配系统、驱动轮防滑系统、车辆电子稳定系统、车道偏离预警系统等。

一 汽车安全带、安全气囊和头枕

1 安全带

汽车的驾驶人座椅和副驾驶座椅均配有集成式安全带，这是一种简单实用的安全保护装置，在发生车辆侧翻、碰撞时，可以把使用人固定在座椅上，避免使用人在车内发生二次碰撞或被甩出车外。

驾乘人员在使用安全带时，要注意以下事项：

①车辆起步前应当系好安全带，即使是以低于 20 千米/小时的速度行驶，也应当正确使用安全带。

②驾乘人员未按规定系安全带时，仪表盘内的安全带指示灯会保持常亮。

③使用安全带时，将安全带绕过肩进行调节，且不要在上衣袋中放有钢笔、眼镜等坚硬易碎物品，以防意外发生。

④注意检查安全带的功能是否正常，比如用力突然拉动安全带，如果安全带伸长，表明安全带的保护功能失效，应及时更换。

2 安全气囊

在车辆发生碰撞事故的瞬间，安全气囊会迅速充气，将撞击力均匀分布在头部和胸部，防止乘员与车内装置发生直接碰撞，大大减少受伤的可能性。在汽车相撞时，汽车安全气囊可使头部受伤率减少 25% 左右，面部受伤率减少 80% 左右。安全气囊通常安装在方向盘中间位置内、副驾驶座椅前侧的仪表板内。

安全气囊是以系安全带为前提设置的，如果不系安全带，不仅不能发挥安全气囊的保护效果，反而会由于气囊弹出的冲击力对人造成严重的伤害。

3 头枕

在车辆发生碰撞事故时，头枕可以对人的头颈部起到保护作用，因此，在每次行车前都进行头枕调整是非常必要的。调整头枕时，将头枕上边缘与头部顶点保持一样的高度。

二 防抱死制动系统（Antilock Brake System，ABS）

车辆紧急制动时，ABS 可防止车轮抱死，最大限度发挥制动器的效能，在提供最大制动力的同时能使车前轮保持转向能力，以此获得良好的制动效果（图 1-3）。

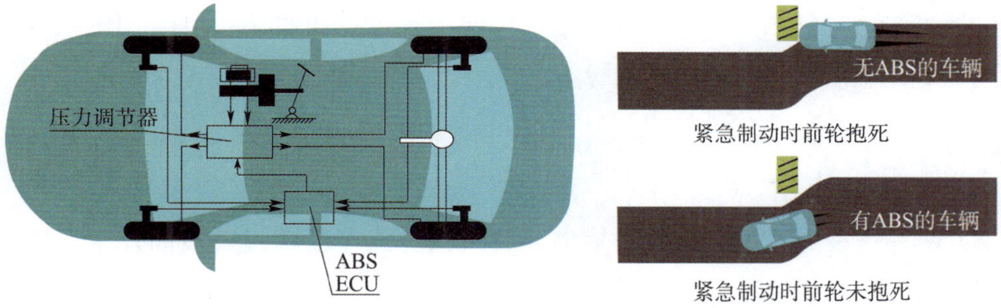

图 1-3 防抱死制动系统的效果

安装 ABS 的车辆紧急制动时，驾驶人可用力踩踏刹车。ABS 起作用时，刹车会出现振动现象。驾驶人要避免在紧急制动的同时转向，以防车辆发生侧滑。另外，驾驶人不要过于依赖 ABS 来缩短制动距离，尤其是在冰雪路面上紧急制动时，ABS 无法有效缩短制动距离。

三 电子制动力分配系统（Electric Brake force Distribution，EBD）

EBD 经常会与 ABS 同时在车辆上配置，主要作用也是辅助制动，所以经常看到“ABS + EBD”字样。在车辆制动的时候，4 个车轮由于附着的路面状况有所不同，比如左侧车轮在湿滑路面，而右侧车轮在干燥路面，这样 4 个车轮和地面的摩擦力就会不同，制动时容易出现打滑、倾斜、侧翻等现象。EBD 通过监测、计算出 4 个车轮接触路面时不同的摩擦力数值，进而调整制动力，使制动力与路面摩擦力相匹配，保证车辆的平稳和安全。

四 驱动轮防滑系统(Acceleration Slip Regulation,ASR)

ASR 通过监测车辆左右两个驱动轮的转速来判定驱动轮是否出现打滑现象,在轮胎即将打滑的瞬间,自动降低或切断传到该轮胎上的驱动力,甚至施加制动力,防止车轮打滑,使之保持行驶稳定。

五 车辆电子稳定系统(Electronic Stability Program,ESP)

ESP 通过对各个车辆传感器的行驶状态信息进行分析,然后向 ABS、ASR 发出纠偏指令,来帮助车辆维持动态平衡。ESP 可以使车辆的每个车轮在各自状况下保持最佳的稳定性,在转向过度或转向不足的情况下效果更加明显。相比 ABS 被动做出反应,ESP 是主动调节控制车辆的稳定性。

六 车道偏离预警系统(Lane Departure Warning,LDW)

LDW 是一种通过报警的方式辅助驾驶人减少汽车因车道偏离而发生交通事故的系统。LDW 由平视显示器、摄像头、调节器和传感器等组成。LDW 开启时,摄像头(大部分放置在车身侧面或后视镜上)会一直采集行驶车道的标线,通过图像处理获得当前车道内汽车的位置参数。当检测到汽车偏离车道时,传感器会立即采集汽车的数据和驾驶人的操作状态,然后通过蜂鸣器、扬声器、语言提示、方向盘或座椅振动等方式向驾驶人发出报警信号,见图 1-4。在慢速行驶、制动和正常转向时,LDW 是不工作的。

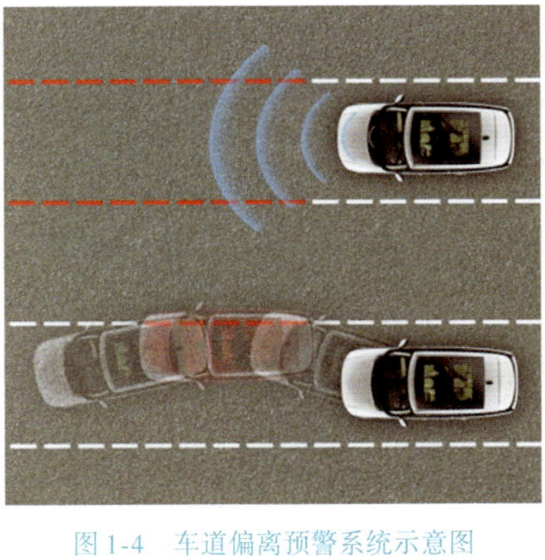

图 1-4 车道偏离预警系统示意图

七 前方碰撞预警系统（Forward Collision Warning，FCW）

FCW 是一种通过雷达系统实时监测前方车辆，判断本车与前车之间的距离、方位及相对速度，在具有前向碰撞风险时，通过视觉、听觉和触觉警示驾驶人，直至驾驶人在合理的时间内采取制动或碰撞风险得到解除的系统，见图 1-5。FCW 可以有效避免不必要碰撞事故的发生，但 FCW 本身不会采取任何制动措施去避免碰撞或控制车辆。

图 1-5　前方碰撞预警系统示意图

第二章 教学指导常识

课程目的：了解安全驾驶操作理论的重要性和基本的教学方法，掌握教学口令、规范用语等规范化教学知识，为后期教学打好基础。

第一节 教学方法与规范化教学

一 教学方法

教学方法是指以完成教学任务为目的，教练员与学员共同活动的程序、方法与措施。在教学过程中，教练员恰当地运用教学方法，可以有效提高培训效果和培训效率。常用的教学方法包括讲授教学法、示范教学法、模拟教学法、练习教学法等。下面简要介绍在教学实际中采用的阶段式训练法、理论与实操融合教学法以及“感-学-评-练”立体训练法。

1 阶段式训练法

学员通过培训掌握驾驶技能，包含着一个复杂的心理、行为动作的演变过程，这个过程可以分为学习初期、技能提高和技能熟练等不同的阶段。驾驶技能训练遵守从简到繁、由易到难、由静到动的规律，有利于学员驾驶技能的形成。

在训练初期，主要进行一些徒手练习和不起动车辆的基本练习，以及起步、停车、换挡、方向等单项能力训练。在训练中期，主要是单项能力的组合、重复以及使其形成自动化，特别要重视对学员车感、速度感的能力训练。在训练末期，主要让学员把在前两个阶段所掌握的能力灵活地运用，以及训练处理各种交通情况的能力。

2 理论与实操融合教学法

在运用 VR 模拟器和 AI 智能训练车开展训练时，系统融合了相应的驾驶理论知识教学，这样可以弥补陈述式教学的不足，将割裂的内容整合输出，使理论成为支撑，帮助学员了解为什么要这样操作，促使学员自我挖掘、感悟，主动揣摩操作动作的准确性，当操作动作出现错误的时候进行自我反思、修正，快速掌握驾驶技术要领。

当学员领会了驾驶操作相对应的理论知识后，会将其融入今后的驾驶实践中指导驾驶行为，进一步自我完善和提高驾驶水平。虽然在驾校的学习时间有限，但是正确的驾驶理论、规范的操作动作以及良好的安全驾驶意识将会形成优秀的驾驶习惯，永远地铭刻在学员的脑海里，伴随其整个驾驶生涯。

3 “感-学-练-评”立体训练法

在运用 VR 模拟器开展训练时，系统设计了“感”“学”“练”“评”四种模式供学员选择，为学员打造一种立体式训练法：

(1)“感”的教学模式，通过示范讲解让学员感知正确的操作方法。

(2)“学”的教学模式，让学员在理解的基础上，按照教练员的示范动作进行模仿练习，同时，教练员及时纠正学员出现的错误操作，指导学员建立正确的操作。

(3)“练”的教学模式，学员通过自主训练，熟练掌握正确的操作方法。

(4)“评”的教学模式，对学员的操作给予正确客观的评价。

二 规范化教学

1 教学目标层级划分

对教学内容的要求按照由低到高分为 3 个层次，分别是了解、熟知、掌握。教练员可根据教学大纲中教学内容的教学目标要求以及学员所处的训练阶段，对知识点的掌握程度进行选择。

(1)了解：要求清楚知识点的概念、作用，能够识认。

(2)熟知：要求深入了解知识点，能够理解知识要点内涵，清楚操作要领。

(3)掌握：要求能够分析、解释原因，并进行操作。

2 教学指导统一化

教学内容、方法和标准的统一，是现代化教学的基础。在训练过程中，正确无误的驾驶操作理论和教学口令不会因为教练员的变动而改变，此时学员接受信息和学习的成本会降到最低，有利于学员快速掌握驾驶技能。

此外，当教学内容、方法和理论三者形成统一后，能够帮助教练员系统地掌握专业知识，并通过不断在教学中完善教学理论，总结、提升教学经验，利于教练员的专业化成长。

3 教学过程程序化

程序式教学是通过采取循序渐进的教学方法，将每一组操作动作按基础理论编排、实现实际操作的程序化授课，形成流水线式的教学流程；再按照操作的难易程度，推荐某一单项技术动作或组合动作的练习次数，直至达到规定的教学标准要求。因此，程序式教学能有效提高教学质量。

三 学员特征与施教方法

不同学员在学驾过程中表现出不同的学习特征和行为特征，教练员有针对性地开展教学，有利于提高培训效果和培训效率。

1 不同年龄学员

年轻学员反应敏捷、接受能力强，但是思想不够成熟、学习凭兴趣，喜欢表现、逞能与冒险，因此，教练员需要严格要求，让其明确学习目的，激发其训练兴趣，并经常进行安全教育，引导其树立良好的安全意识。

中老年学员社会经验丰富，学习目的明确，学习态度端正，善于观察、判断和总结，但是反应较慢，接受能力较差，掌握技能比较缓慢。因此，教练员需要尊重学员，耐心指导，适当增加初期训练的时间，训练过程中细心指导，加强基础动作训练，建立完整的动作表象，防止其出现动作不协调的现象。

2 不同性别学员

男性学员反应敏捷，接受能力强，能迅速掌握动作，但是缺乏耐心，对于教练员的指导经常保持独立意见，易于忽视交通法规，因此，教练员需要对其加强安全教育，引导其树立良好的安全意识和培养遵守交通安全法规的自觉性；反复严格地督促其练习基础动作，培养耐性。

女性学员温和心细，遵章守法，学习有耐心，动作柔和，行车谨慎，但是自信心较差，接受能力差，掌握动作较慢，处理情况犹豫不决，反应能力差，因此，教练员需要多加鼓励,增强其学习自信心;有意识地带其到复杂道路交通情境中去培养;同时要顾及女性生理的特殊性,妥善安排其训练内容和时间。

3 不同性格学员

内向型学员内在体验深刻、办事谨慎、力求稳妥,但是反应慢、应变能力差、缺乏果断决断能力,因此,教练员需要主动加强交流,耐心教学,加强学员在复杂交通情况下的判断和应急处理能力的练习;训练时多鼓励,少指责,增强其自信心。

外向型学员性格开朗、操作敏捷、自信心强,但是好冲动、喜欢冒险、胆大心不细、情绪波动大,因此,教练员需要引导并帮助其养成安全、文明和礼让的驾驶习惯;加强基础动作的训练,培养其耐心和情绪控制力,提高驾驶技能的稳定性。

第二节 教学口令与规范用语

一 教学口令

教学口令分为操作口令和导向口令,是规范教学必须要掌握的两种口令,它既能体现教学技术要领的规范化,又简单明了。

1 操作口令

操作口令是指导学员操作时使用的口令,是非常有效的一种教学指导方法。教练员通过操作口令带领学员完成操作动作,通过"你说他做"的方式,特别是对于手脚协调能力较差的学员,能有效地帮助其尽快掌握操作要领。

以手动挡汽车为例,基本操作口令如下。

(1)起步口令:"踩离合、挂1挡,左脚快抬慢找触点停,慢松手刹的同时轻加油。"

(2)增挡口令:"踩抬同步,摘低挂高,左脚快抬慢找,右脚轻加油。"

2 导向口令

指挥车辆行驶方向时所使用的口令,用于指示车辆直行、左右转弯、掉头等。教练员应根据车辆行驶速度提前发出导向口令，指导学员完成下一步操作。

基本导向口令如下。

(1)直行口令：前方路口直行；前方信号灯路口直行；前方立交桥直行；口令未发，默认直行。

(2)左转弯口令：前方路口左转弯；前方信号灯路口左转弯；前方环岛左转弯，前方立交桥左转弯。

(3)右转弯口令：前方路口右转弯；前方信号灯路口右转弯；前方立交桥右转弯。

(4)变更车道口令：向左变更车道；向右变更车道。

(5)掉头口令：前方路口掉头；前方环岛掉头；前方立交桥掉头。

(6)连续口令：前方路口连续左转弯；前方路口左转接右转；前方路口连续右转接左转等。

车辆行驶到路口前，教练员口令未发时，学员可以默认直行。

二 教学规范用语

在训练以及与学员的沟通过程中，教练员要语气平和，声量适度，语速适中，表述清楚，通俗易懂，使用规范用语，示例如下：

(1)开始上车训练时：请上车。

(2)提醒学员时：请系好安全带。

(3)向学员做示范动作时：请注意我的示范动作。

(4)提示学员行驶路线时：请直行！前方路口向左转弯！前方路口向右转弯！

(5)提醒学员注意时：请注意行人！请注意右前方车辆！

(6)指出学员训练中的问题时：您刚才的训练中，……动作不规范(有错误)。

(7)训练总结时：今天的训练，您在……方面有进步，在……方面下次课还要加强练习。

(8)训练结束后：今天的训练到此为止，请拿好随身物品。

第三章 智能教学系统使用常识

课程目的：了解VR智能模拟器和AI智能训练车的结构组成、功能，掌握VR智能模拟器和AI智能训练车软件系统的操作方法。

第一节 VR智能模拟器使用常识

汽车驾驶培训VR智能模拟器作为驾驶训练的辅助教学工具，为学员培训提供了一种科学、先进的训练方法和训练手段。汽车驾驶培训VR智能模拟器是利用仿真技术营造虚拟的驾驶训练环境，产生汽车行驶过程中的虚拟视景、音响效果和运动仿真，并通过模拟操作部件与虚拟的训练环境进行交互，使驾驶人沉浸到虚拟驾驶环境中，产生实车驾驶的效果和感觉。通过VR智能模拟器的辅助训练，学员可以在短时间内熟练掌握驾驶操纵机件的正确操作动作，建立起各种交通环境下的条件反射式的操作技能，尽快地从以操作训练为主的静态练习过渡并适应实车的动态训练；可以随时、任意、反复地进行某项操作技能的训练；可以开展实车难以或无法进行的驾驶技能训练，加强对学员观察能力、反应能力和应变能力的训练，提高驾驶训练的安全性，减少实车训练带来的能源消耗和污染物排放，节约训练成本。

一 VR智能模拟器结构组成

VR智能模拟器主要由驾驶座舱、驾驶视景系统、动感模拟装置和辅助训练智能组件以及培训过程信息记录系统等组成，如图3-1所示。

1 驾驶座舱

驾驶座舱是与所模拟的汽车驾驶室驾驶操作工位相似的空间，由汽车驾驶操纵机件、座椅及头枕、安全带等实车件或仿真件组成，包括车门、座椅及头枕、安全带、后(内后)视镜、离合、刹车、油门、方向盘、变速杆、驻车制动操纵装置、仪表盘、喇叭按钮、点火开关、雨刷器开关、空调开关、照明灯开关、信号灯开关、扬声器。

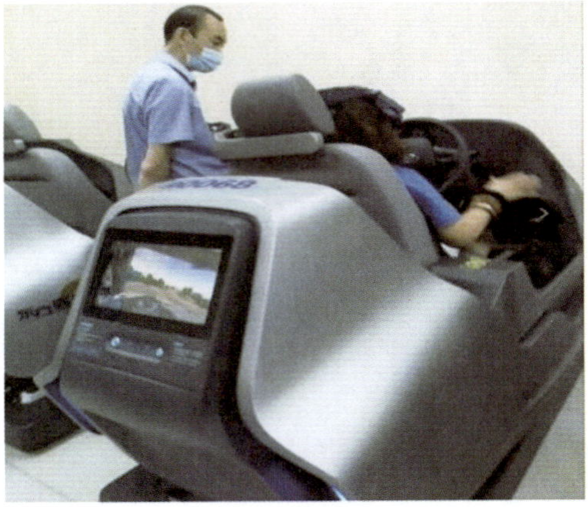

图 3-1　VR 智能模拟器示意图

2 驾驶视景系统

驾驶视景系统是显示虚拟仿真场景的关键部件，包括单视景显示屏（幕）、多视景显示屏（幕）、虚拟现实头戴式显示设备（选配件）。

3 动感模拟装置

动感模拟装置是实现汽车驾驶操作时的振动和感觉的系统，包括动感模拟装置、辅助训练智能组件（选配件）。

4 辅助训练智能组件

辅助训练智能组件主要是采集驾驶学员注视特征等信息的装置。

5 培训过程信息记录系统

培训过程信息记录系统是记录模拟驾驶过程中的数据信息的系统，包括驾驶视景与驾驶操作信息采集传输、培训学时记录与传输，支持培训过程回放和训练特征分析。

二　软件系统操作方法

1 系统启动

在 PC 机桌面上，从登录程序选择“Driving Master”程序，点击“启动应用”进入训练系统程序，见图 3-2。

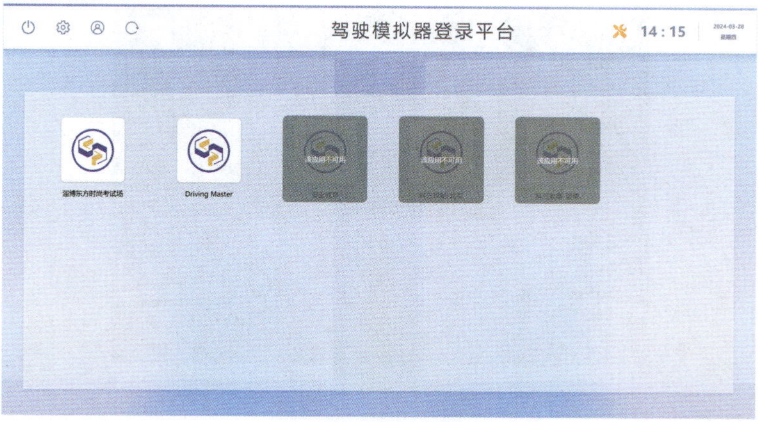

a) 选择Driving Master功能界面

b) 启动Driving Master功能界面

图 3-2　系统启动界面

2 进入控制台(界面)

控制台是用户登录后，支持使用者选用 VR 智能模拟器各项功能的界面，分为 PC 端控制台和 VR 端控制台两部分。

(1) VR 端控制台(界面)

学员在佩戴 VR 头显设备开展训练时，通过语音口令呼叫“小 D 同学”，系统自动进入 VR 端控制台界面，见图 3-3。

在 VR 端控制台界面下，学员通过向左或向右转动方向盘来分别控制“<”或“>”按钮，实现向前或向后选择训练内容；通过踩刹车表达“确认”信号，即进入当前选择的训练内容；踩油门表达“返回”信号，即退出当前的训练内容。

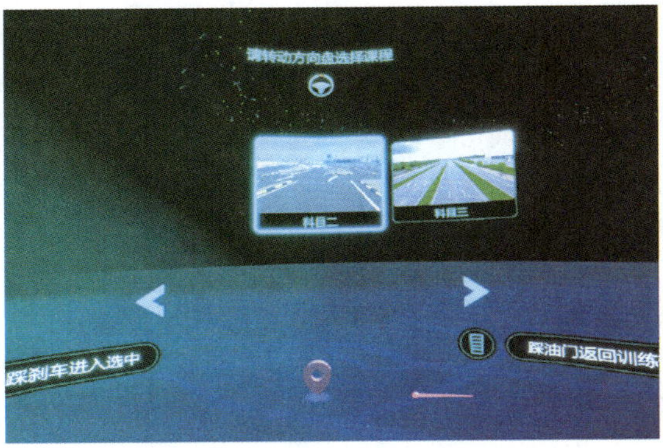

图 3-3　VR 端控制台界面示意

VR 端控制台也可采用语音指令调节，具体如下。

语 音 指 令

全局

小 D 同学

打开单元课程	打开科目列表	打开学员信息	打开头显调节
打开透明车身	关闭透明车身	打开鹰眼	关闭鹰眼
打开车前距离	关闭车前距离	打开车辆轨迹	关闭车辆轨迹
打开转速显示	关闭转速显示	打开双闪	关闭双闪
打开后视镜调节			

头显调节

关闭头显调节	自动调节头显	向上一点	向下一点
向左一点	向右一点	向前一点	向后一点

后视镜调节

关闭后视镜调节	自动调节后视镜	调节左后视镜	调节右后视镜
向上一点	向下一点	向左一点	向右一点
向上微调	向下微调	向左微调	向右微调

科目界面

打开 + 科目名称（如：打开科目二）

课程选择

打开 + 课程名称（如：打开侧方停车）

(2)PC 端控制台(界面)

PC 端控制台(界面)既支持运用显示屏条件下的训练方式,也支持学员佩戴 VR 头显设备条件下的训练方式,由教练员利用设置在模拟器后端的触摸屏进行操作。

在显示屏条件下,用户登录后,点击界面右下方的“ ”按钮,系统进入 PC 端控制台界面,见图 3-4。

图 3-4 显示屏条件下的 PC 端控制台入口

在学员佩戴 VR 头显设备条件下,用户登录后,点击界面右下方的“ ”按钮,系统进入 PC 端控制台界面,见图 3-5。

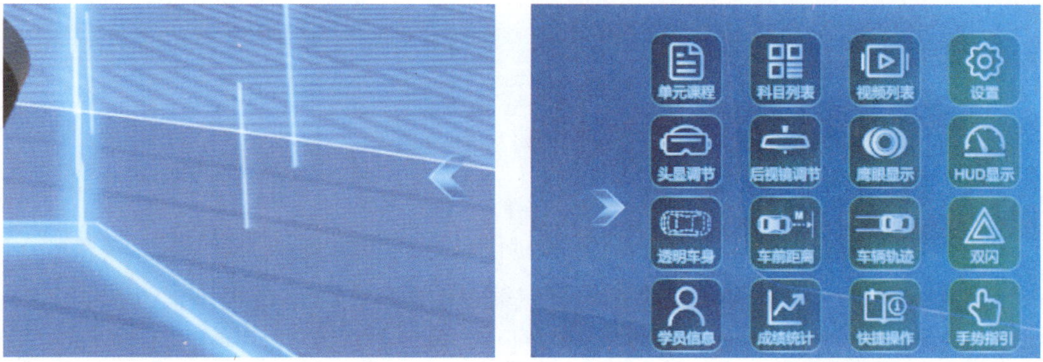

图 3-5 佩戴 VR 头显设备条件下的 PC 端控制台入口

PC 端控制台界面包含“单元课程”“科目列表”“视频列表”“设置”“鹰眼显示”等 16 项功能菜单,见表 3-1,每一项功能可以点击打开或关闭。

PC 端控制台功能菜单　　表 3-1

序号	功能菜单	功能内容	功能类型
1	单元课程	支持学员训练的课程内容	训练内容
2	科目列表	支持学员训练的课程内容	训练内容
3	后视镜调节	模拟左右后视镜调整	训练内容
4	双闪	模拟危险报警闪光灯使用	训练内容
5	视频列表	部分训练内容对应的讲解视频	训练辅助功能
6	鹰眼显示	呈现俯视视角的观察窗口	训练辅助功能
7	透明车身	支持车身透明化	训练辅助功能
8	车前距离	提供车前距离标尺	训练辅助功能
9	车辆轨迹	实时显示车辆的运行轨迹	训练辅助功能
10	HUD 显示	在正前方位置展示车辆的运行状态信息	训练辅助功能
11	手势指引	模拟教练员的教学指挥手势	训练辅助功能
12	成绩统计	呈现学员训练效果的分析结果	训练辅助功能
13	快捷操作	让学员快速返回至科目训练或评测的初始位置	训练辅助功能
14	学员信息	记录学员基本信息、训练进程等信息	训练辅助功能
15	头显调节	VR 头显设备校准调节	系统参数设置
16	设置	系统有关功能参数设置	系统参数设置

3 系统设置

(1)头显调节

头显调节功能主要是支持学员对头显设备进行校准调试，满足其个人佩戴 VR 头显设备开展训练的个性化需要。学员佩戴 VR 头显设备进行训练前，应当先进行头显设备的校准调试，调试方法如下：

①使用语音命令“打开头显”或点击 PC 端界面的“头显调节”功能按钮后，系统出现屏幕中的触控按钮，并且在下方出现“上、下、左、右、前、后”调节方向的按钮，见图 3-6。

②使用语音命令“自动调节头显”或点击界面中的“自动调节头显”按钮，自动调节头显。

③使用语音命令“向上一点”“向下一点”“向左一点” “向右一点”“向前一点”或“向后一点”，调节头显的方向。

④使用语音命令“关闭头显调节”或点击 PC 端控制台(界面)的“头显调节”功能按钮，调节头显功能关闭。

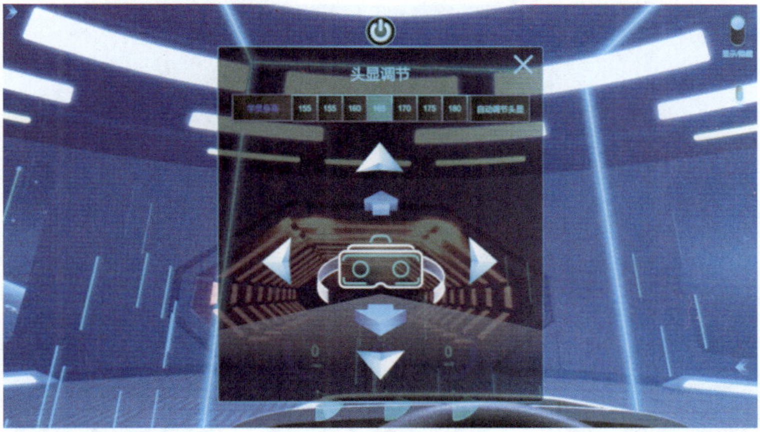

图 3-6　头显调节界面

(2)显示与隐藏、语音设置

显示与隐藏功能主要是支持 UI 按钮显示和隐藏的快速切换，语音设置功能主要是支持系统语音功能的开启和关闭。使用方法如下：

①点击 PC 端界面的“显示/隐藏”功能按钮，实现对 PC 端界面中 UI 按钮显示和隐藏的快速切换，见图 3-7。

②PC 端界面语音图标为“ ”时，表示当前语音状态可用；语音图标为“ ” 时，表示当前语音状态不可用。

(3)系统参数设置

系统参数设置功能主要是为学员提供一个更具个性化的训练环境。使用方法如下：使用语音命令“打开设置”或点击 PC 端界面的“设置”功能按钮后，系统进入系统参数设置界面，见图 3-8。

系统参数设置主要包括休息提醒、画面亮度、当前模式、语音修复、运营模式、动力设置、踏板校准等功能参数：

①休息提醒：主要是为学员训练健康提供保障。教练员可以为学员设置休息提醒时间，单位为分钟。学员使用智能模拟器连续训练达到休息提醒时间时，系统会自

动向学员推送休息提醒信息。

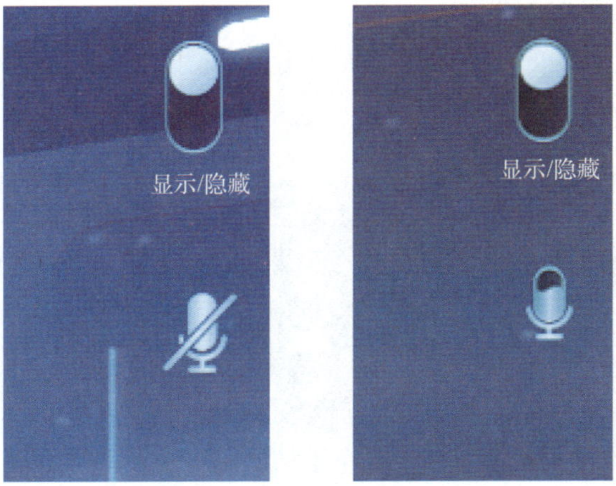

图 3-7　显示与隐藏、语音设置界面

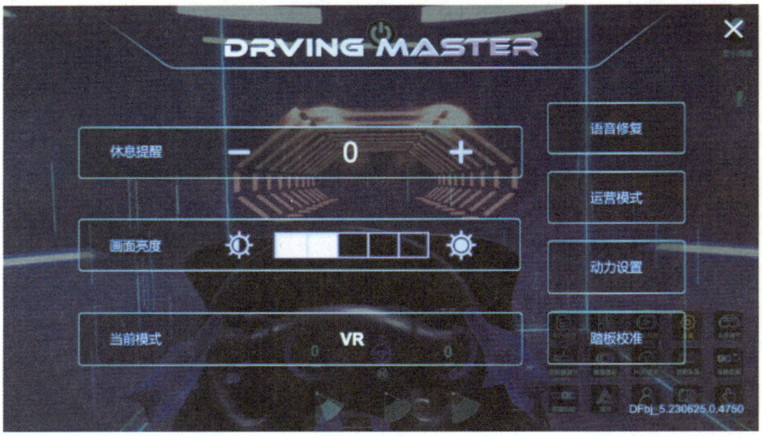

图 3-8　系统参数设置界面

②画面亮度：主要是为学员训练健康提供保障。用于调整画面亮度。

③当前模式：主要是显示模拟器当前的训练模式，包括单显示屏训练模式、三显示屏训练模式和佩戴 VR 头显设备训练模式。

④语音修复：当系统语音输入功能不能正常使用时，可点击此功能按钮进行修复。

⑤运营模式：主要包括“安全带默认生效”“手刹默认生效”和“喇叭信号失效”，见图 3-9。

图 3-9 系统运营模式设置界面

⑥动力设置：主要是调整智能模拟器模拟的动力学特征参数，增强训练的体验感。动力设置包括“默认抖动”“加强抖动”“需要离合点火”“无需离合点火”“容易熄火”“不容易熄火”等参数，见图 3-10。

图 3-10 系统动力参数设置界面

⑦踏板校准：主要是调整离合踏板、刹车踏板、油门踏板和手刹的力学特征参数，增强训练的体验感。进入系统参数设置界面后，教练员点击 PC 端界面的“踏板校准”功能按钮，对离合踏板、刹车踏板、油门踏板和手刹的参数进行设置，设置完成后，点击保存即可，见图 3-11。

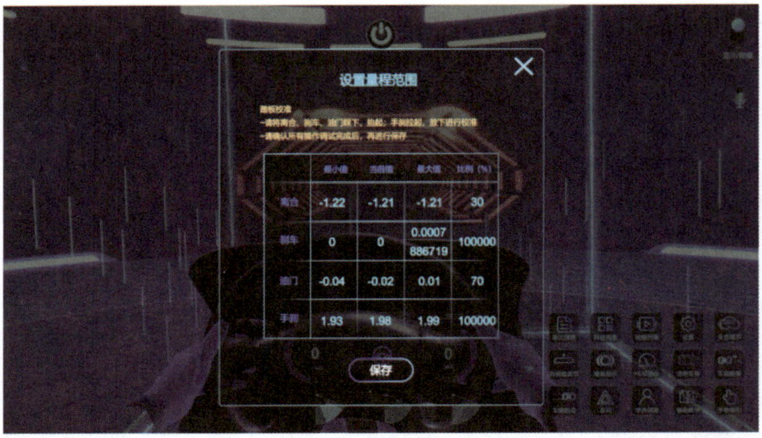

图 3-11　踏板校准界面

三　模拟训练与考试功能

VR 智能模拟器支持的学员训练课程和内容是模拟器的核心组成。VR 智能模拟器根据教学大纲中“第二部分　基础和场地驾驶”和“第三部分　道路驾驶”的教学要求设计了相应的训练课程和内容，以及训练效果评测。

1 基础和场地驾驶模拟训练

系统进入 PC 端控制台界面后，点击界面的“单元课程”功能按钮，系统进入训练课程界面，见图 3-12。

图 3-12　训练课程界面

VR 智能模拟器支持的学员训练课程包括：基础操作、基础训练 1、基础训练 2、基础训练 3、直角曲线训练、侧方停车（学）、倒车入库（学）、坡道定点停车和起步（学）、综合训练、VR 衔接课程，见表 3-2。

VR 智能模拟器支持的训练课程及内容 表 3-2

序号	训练课程	教学要求	教学内容
1	基础操作	掌握头显设备、后视镜、转向装置、变速杆、手刹、离合、油门、刹车、点火开关、灯光信号等操纵装置的正确操作方法	头显调节、后视镜调节、方向盘操作、变速杆操作、手刹操作、离合操作、油门操作、刹车操作、点火开关、转向灯操作
2	基础训练 1	掌握起步停车、方向盘初级操作、速度控制的正确操作方法，初步建立车辆距离感	一条闭环的训练路段，包括直线行驶、折线行驶、右方停靠、左方停靠、直角转弯、缓坡行驶等训练内容
3	基础训练 2	掌握方向盘中级操作、速度控制的正确操作方法，具备车辆距离感	一条闭环的训练路段，包括大曲线行驶、小曲线行驶、缓坡行驶
4	基础训练 3	熟练掌握起步停车、方向盘操作、速度控制、安全距离保持等基础驾驶技能	一条闭环的训练路段，包括基础训练 1、基础训练 2 的全部训练内容
5	直角曲线训练	准确判断车辆转弯时的内外轮差，掌握操纵车辆通过曲线路段和急转弯路段的正确操作方法	直角转弯、曲线行驶
6	侧方停车（学）	掌握操纵车辆顺向停入道路右侧车位（库）的正确操作方法	侧方停车
7	倒车入库（学）	掌握参照地面目标，合理操纵车辆从两侧倒入和驶出车库的正确操作方法	倒车入库
8	坡道定点停车和起步（学）	掌握操纵车辆定点停车和坡道平稳起步的正确操作方法	坡道定点停车和起步
9	综合训练	综合运用所学内容，熟练完成基础驾驶和场地驾驶项目	一条循环的训练路，包括侧方停车、坡道定点停车和起步、直角转弯、曲线行驶、倒车入库等训练内容
10	VR 衔接课程	熟悉 AI 智能训练车的训练内容和操作方法	AI 训练课程的内容和操作方法

(1)基础操作训练

基础操作训练的目标是让学员掌握头显设备、后视镜、方向盘、变速杆、手刹、刹车、油门、点火开关、灯光信号等操纵装置的正确操作方法,包括头显调节、后视镜调节、方向盘操作、变速杆操作、手刹操作、离合操作、油门操作、刹车操作、点火开关、转向灯操作 10 项单独的教学内容。

系统进入训练课程界面后,点击"基本操作"功能按钮,可以进一步选定训练内容,见图 3-13。

图 3-13　训练课程对应的训练内容界面

(2)基础训练

VR 智能模拟器通过对驾驶技能的分解,运用了"先开展专项训练、再进行组合训练"的训练组织模式。按照驾驶技能的不同,分别设置了基础训练 1、基础训练 2 和基础训练 3 三个训练课程。

基础训练 1 的目标是训练学员的起步停车、方向盘初级操作、速度控制和车辆距离感。系统设置了一条闭环的、由多项目组成的训练路段,包括直线行驶、折线行驶、右方停靠、左方停靠、直角转弯、缓坡行驶等训练内容,见图 3-14。系统进入训练课程界面后,点击"基本训练 1"功能按钮,即进入基础训练 1 的训练界面,见图 3-15。

基础训练 2 的目标是训练学员的方向盘中级操作、速度控制和车辆距离感。系统设置了一条闭环的、由多项目组成的训练路段,包括大曲线行驶、小曲线行驶、缓坡行驶等训练内容,见图 3-16。系统进入训练课程界面后,点击"基本训练 2"功能按钮,即进入基础训练 2 的训练界面,见图 3-17。

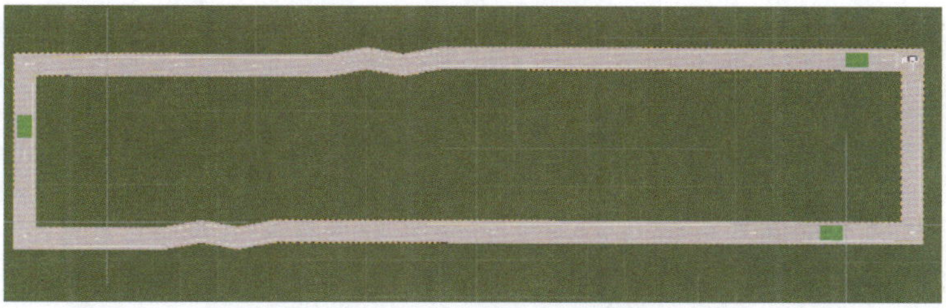

图 3-14　基础训练 1 的训练路段示意

图 3-15　基础训练 1 的训练界面

图 3-16　基础训练 2 的训练路段示意

基础训练 3 的目标是全面训练学员基础驾驶技能。系统设置了一条闭环的、由多项目组成的训练路段，包括基础训练 1 和基础训练 2 的全部训练内容，见图 3-18。系统进入训练课程界面后，点击“基本训练 3”功能按钮，即进入基础训练 3 的训练界面，见图 3-19。

图 3-17　基础训练 2 的训练界面

图 3-18　基础训练 3 的训练路段示意

图 3-19　基础训练 3 的训练界面

（3）直角曲线训练

直角曲线训练的目标是让学员掌握操纵方向盘，准确判断内外轮差，控制车辆通过曲线路段和急转弯路段的正确操作方法。直角曲线训练包括直角转弯、曲线行驶两个训练项目。系统参照国家标准《机动车驾驶员培训教练场技术要求》（GB/T 30341）中有关直角转弯和曲线行驶项目的技术要求设计训练场景，配备有规范驾驶操作的教学视频，并设置语音和高亮的教学提示。

系统进入训练课程界面后，点击“直角曲线训练”功能按钮，即进入直角曲线训练界面，见图3-20。

图3-20 直角曲线训练界面

（4）侧方停车（学）

侧方停车训练的目标是让学员掌握操纵车辆顺向停入道路右侧车位（库）的正确操作方法。系统参照国家标准《机动车驾驶员培训教练场技术要求》（GB/T 30341）中有关侧方停车项目的技术要求设计训练场景，配备有规范驾驶操作的教学视频，并设置语音和高亮的教学提示，引导学员驾驶汽车侧方位停车和驶出车位。在初始练习阶段，当学员听到“叮咚”音时，表示此处有教学点，需要停车观察、学习。

系统进入训练课程界面后，点击“侧方停车（学）”功能按钮，即进入侧方停车训练界面，见图3-21。

（5）倒车入库（学）

倒车入库训练的目标是让学员掌握参照地面目标，合理操纵车辆从两侧倒入和驶出车库的正确操作方法。系统参照国家标准《机动车驾驶员培训教练场技术要求》（GB/T 30341）中有关倒车入库项目的技术要求设计训练场景，配备有规范驾驶操作的教学视频，并设置语音和高亮的教学提示，引导学员驾驶汽车分别从两侧倒车入库和驶出车库。在初始练习阶段，当学员听到“叮咚”音时，表示此处有教学点，需要停车观察、学习。

图 3-21　侧方停车训练界面

系统进入训练课程界面后，点击“倒车入库（学）”功能按钮，即进入倒车入库训练界面，见图 3-22。

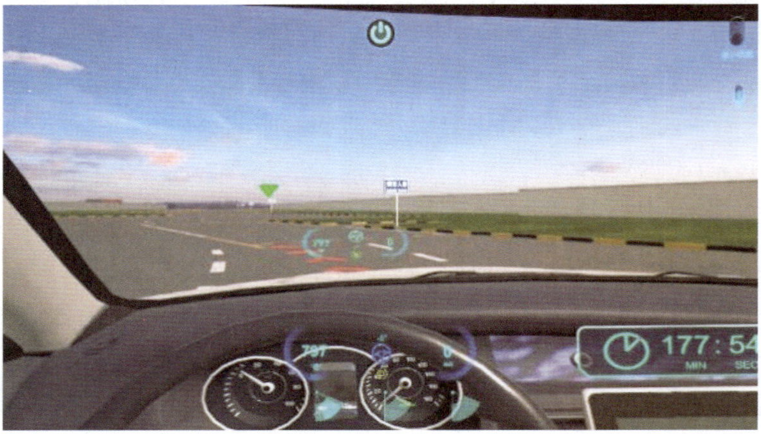

图 3-22　倒车入库训练界面

（6）坡道定点停车和起步（学）

坡道定点停车和起步训练的目标是让学员掌握操纵车辆定点停车和坡道平稳起步的正确操作方法。系统参照国家标准《机动车驾驶员培训教练场技术要求》（GB/T 30341）中有关坡道定点停车和起步项目的技术要求设计训练场景，配备有规范驾驶操作的教学视频，并设置语音和高亮的教学提示引导学员驾驶汽车在坡道设置的停车线位置平稳停车，并平稳起步。

系统进入训练课程界面后，点击“坡道定点停车和起步（学）”功能按钮，即进入坡道定点停车和起步训练界面，见图 3-23。

图 3-23 坡道定点停车和起步训练界面

（7）综合训练

综合训练的目标是让学员综合运用所学内容，熟练完成基础驾驶和场地驾驶。系统设置了一条循环的、由多项目组成的训练路段，包括侧方停车、坡道定点停车和起步、直角转弯、曲线行驶、倒车入库等训练内容。综合训练是学员完成前述基础和专项训练任务后进行的训练，在每一次综合训练结束后，系统会按照科目二考试评分标准为学员提供本次的训练成绩。

系统进入训练课程界面后，点击“综合训练”功能按钮，即进入综合训练起始界面，见图 3-24。

图 3-24 综合训练界面

(8)VR 衔接课程

VR 衔接课程的目标是让学员提前熟悉 AI 智能训练车的训练内容和操作方法。系统进入训练课程界面后,点击“VR 衔接课程”功能按钮,即进入 VR 衔接课程界面,见图 3-25。

图 3-25　VR 衔接课程界面

② 道路驾驶模拟训练

使用语音命令“打开科目列表”“打开科目三”或在系统进入 PC 端控制台界面后,点击界面的“科目列表”功能按钮,系统进入训练科目界面,见图 3-26。

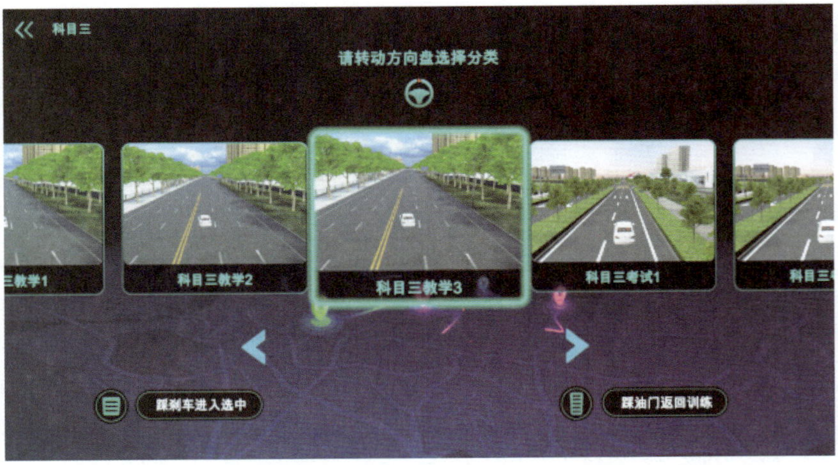

图 3-26　训练科目界面

在训练科目界面下，使用语音命令“打开科目三教学”或点击界面的“科目三教学”功能按钮，进入科目三训练场景，见图 3-27。

图 3-27　科目三训练场景

VR 智能模拟器根据科目三考试线路实地测绘建模，为学员提供若干贴近现实的训练线路和训练场景，便于学员快速熟悉科目三的行驶路线，见图 3-28。

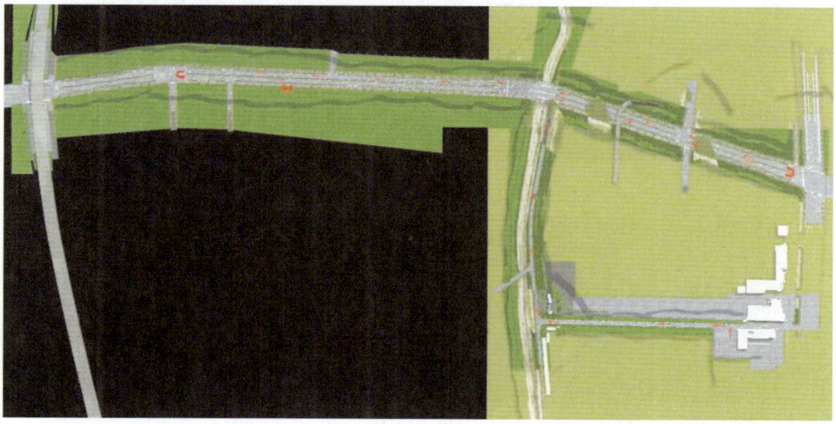

图 3-28　科目三训练路线示意图

每一条科目三训练线路均参照科目三考试项目要求设置，包括起步、直线行驶、加减挡位操作、变更车道、靠边停车、直行通过路口、路口左转弯、路口右转弯、通过人行横道线、通过学校区域、通过公交车站、会车、超车、掉头等训练内容，系统还设置语音和高亮的教学提示引导学员训练，见图 3-29 ~ 图 3-38。

图3-29　起步训练界面

图3-30　直线行驶训练界面

图3-31　变更车道训练界面

图 3-32　靠边停车训练界面

图 3-33　直行通过路口训练界面

图 3-34　路口左转弯训练界面

图 3-35　路口右转弯训练界面

图 3-36　通过学校区域训练界面

图 3-37　通过公交车站训练界面

图 3-38　掉头训练界面

3 评测和模拟考试

项目评测和模拟考试可以让学员及时了解单项训练或总体训练情况，查找训练中的不足并进行改进。VR 智能模拟器为学员提供了科目二项目评测、科目二模拟考试和科目三模拟考试功能。

(1) 科目二项目评测

科目二项目评测是学员完成科目二的单项训练后进行的评测，评测参照该项目的考试评分标准实施。在“科目列表”界面使用方向盘、刹车踏板和油门踏板选择评测项目，或者使用语音命令“打开 × × 评测”选择评测项目，见图 3-39。

图 3-39　科目二项目评测界面

(2)科目二模拟考试

科目二模拟考试为一条循环的、由多项目组成的考试路段,包括侧方停车、坡道定点停车和起步、直角转弯、曲线行驶、倒车入库五个项目的考试内容。VR 智能模拟器根据科目二考试场地实景建模,参照科目二考试评分标准进行考试,让学员在模拟器上提前熟悉科目二的考试场地和考试要求。

在“科目列表”界面使用方向盘、刹车踏板和油门踏板选择“科二评测”下面的“科目二考试”功能按钮,或者使用语音命令“打开科目二考试”进入科目二模拟考试起始界面,见图 3-40。

图 3-40　科目二模拟考试起始界面

(3)科目三模拟考试

科目三模拟考试为一条循环的、由多项目组成的考试路段,包括起步、直线行驶、加减挡位操作、变更车道、靠边停车、直行通过路口、路口左转弯、路口右转弯、通过人行横道、通过学校区域、通过公交车站、会车、超车、掉头等考试内容。VR 智能模拟器根据当地科目三考试线路实地测绘建模,为学员提供贴近真实的考试情境,便于学员快速掌握科目三考试内容。

在“科目列表”界面使用方向盘、刹车踏板和油门踏板选择“科目三考试”功能按钮,或者使用语音命令“打开科目三考试”选择考试项目,见图 3-41、图 3-42。

科目二场地驾驶技能考试通用评判标准

科目三道路驾驶技能考试通用评判标准

(4)评测和模拟考试成绩分析与过程回放

项目评测和科目考试结束后,系统会记录和统计分析学员的评测(考试)成绩,包括评测时间、评测分数、评测次数、通过次数、通过率、高频错误项等信息，见图 3-43。

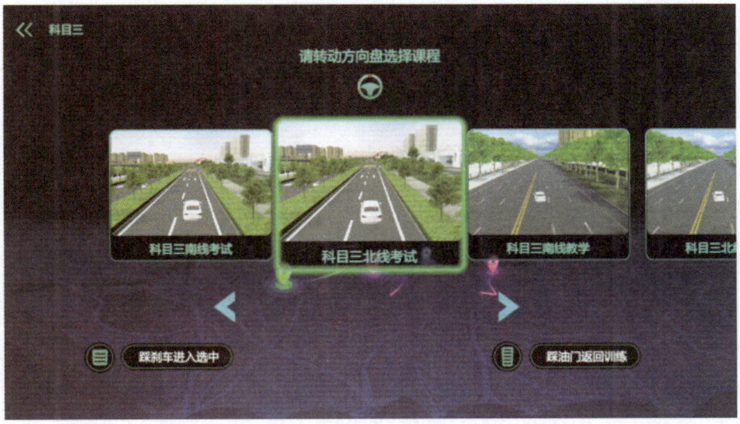

图 3-41　科目三项目评测界面

图 3-42　科目三模拟考试界面

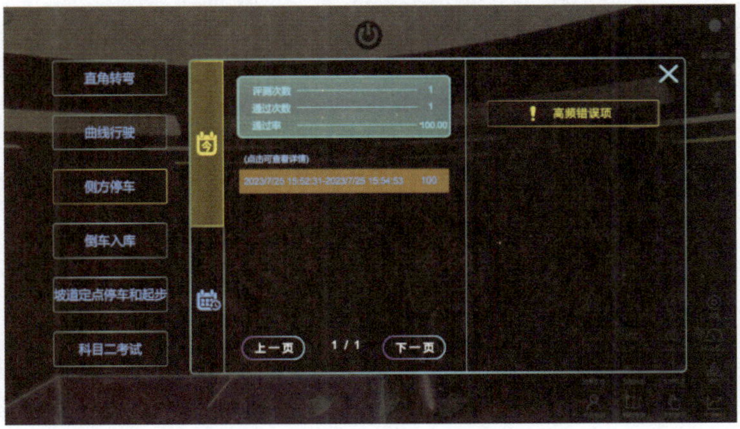

图 3-43　评测与模拟考试结果分析

为了让学员更好地了解每一次科目评测或模拟考试过程，系统还支持评测（考试）过程回放。在评测与模拟考试结果分析界面，点击某一条评测（考试）记录可查看过程回放，见图3-44。

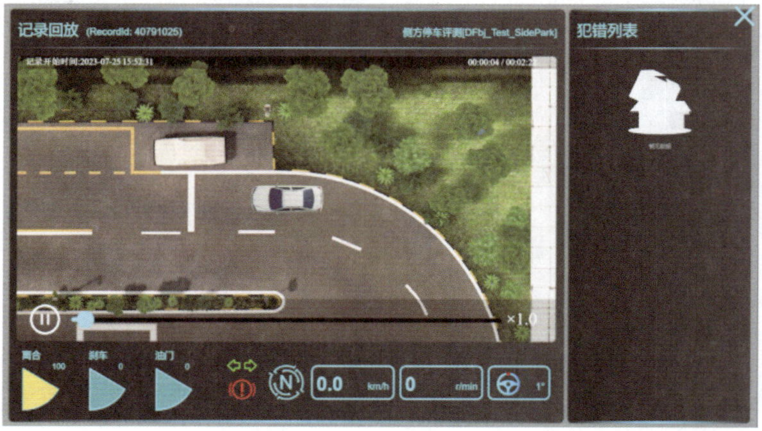

图3-44　评测与模拟考试过程回放

四　辅助训练功能

（1）学员信息

学员信息功能主要是方便教练员掌握学员的基本信息和训练进程。使用语音命令“学员信息”或在系统进入PC端控制台界面后，点击界面的“学员信息”功能按钮，系统进入学员信息界面，见图3-45。头像框区域显示登录用户的头像，下面显示昵称。如果用户是离线模式登录系统，则不显示该用户的头像和昵称。

图3-45　学员信息界面

VR 智能模拟器可以模拟手动挡汽车和自动挡汽车。在离线模式下，教练员点击“更换车型”功能按钮，可以进行模拟车型的切换，见图 3-46；但是在线模式下，则没有“更换车型”功能按钮，不能进行车型切换。

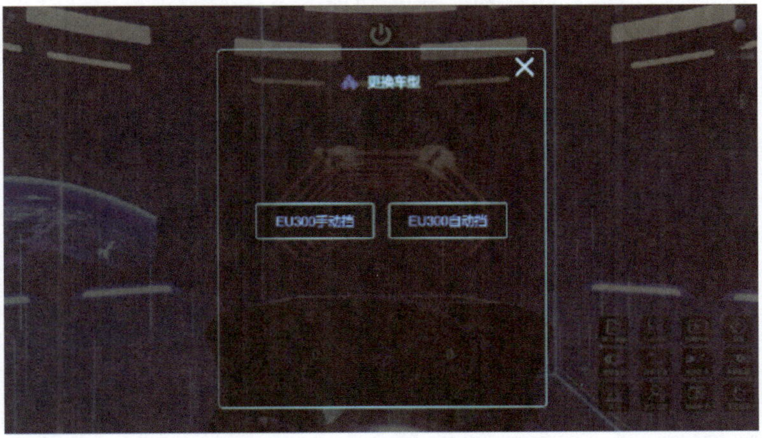

图 3-46 车型更换界面

(2)驾驶操作信息显示

驾驶操作信息显示功能主要是帮助教练员和学员了解学员的实时驾驶操作状态。在训练过程中，屏幕下方会展现发动机转速表、车速表、转向灯、离合踏板行程、刹车踏板行程、油门踏板行程、手刹、挡位、方向盘的转动方向和角度等操作信息，见图 3-47。

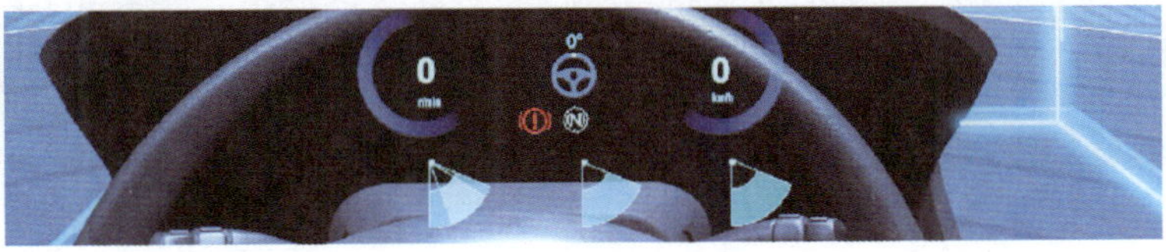

图 3-47 学员驾驶操作信息示意图

系统显示的驾驶操作信息具体如下：

①发动机转速表、车速表分别显示当前的发动机转速和行驶速度的数值。

②转向灯模拟车辆当前的转向灯使用情况。

③离合踏板、刹车踏板、油门踏板通过不同颜色显示当前踏板踩下的深度，绿色为踏板行程较浅，黄色为踏板行程较深。

④手刹灯亮起，表示手刹当前处于拉紧状态；手刹灯熄灭，表示手刹当前处于放

松状态。

⑤挡位模拟车辆当前的挡位使用情况，手动挡模式的挡位为 N、1、2、3、4、5、R，自动挡模式的挡位为 N、D、R、P。

⑥方向盘的转动方向和角度模拟车辆当前的方向盘使用情况。

(3) HUD 显示

HUD 显示功能是在车辆正前方位置显示车辆运行状态信息，让学员在训练中能够更直观地观察和掌握车辆运行状态。HUD 显示功能的使用方法如下：

①点击 PC 端界面的“HUD 显示”功能按钮，在车辆正前方位置会显示当前的发动机转速和车速、手刹、挡位、方向盘转动方向和角度等信息，见图 3-48。

②在 VR 端的任意场景条件下，学员使用语音指令“打开转速显示”后，界面会出现发动机转速显示列表；使用语音指令“关闭转速显示”后，界面会关闭发动机转速显示。

图 3-48　HUD 显示界面

(4) 手势指引

手势指引功能主要是方便教练员指导学员训练，让学员掌握教学要点。手势指引功能的使用方法如下：

①开启方法：点击 PC 界面的“手势指引”功能按钮后，界面出现“”图标，教练员拖拽和移动“”图标，学员则可以通过 VR 头显看到手势指引，见图 3-49。

②关闭方法：再次点击 PC 界面的“手势指引”功能按钮后，“”图标消失。

图 3-49 手势指引界面

(5)鹰眼显示

鹰眼显示功能主要是帮助学员了解车辆所处的位置和运行轨迹。鹰眼显示功能的使用方法如下：

①开启方法：使用语音命令"打开鹰眼"或点击 PC 界面的"鹰眼显示"功能按钮后，在中控台位置出现一个空中俯视观察的窗口，动态展示车辆及周边的情况，见图 3-50。

②关闭方法：使用语音命令"关闭鹰眼"或点击 PC 界面的"鹰眼显示"功能按钮后，中控台位置的观察窗口消失。

图 3-50 鹰眼显示界面

(6)透明车身

透明车身功能主要是方便学员观察车辆周边的情况，同时也能很清晰地看到方向盘如何控制车轮转动。透明车身功能的使用方法如下：

①开启方法：使用语音命令"打开透明车身"或点击 PC 界面的"透明车身"功能

按钮后，车辆框架会变透明，见图 3-51。

②关闭方法：使用语音命令“关闭透明车身”或点击 PC 界面的“透明车身”功能按钮后，透明车身功能关闭。

图 3-51　透明车身界面

(7) 车前距离

车前距离功能主要是帮助学员判断本车与前方参照物之间的距离，培养学员的空间距离感知能力。车前距离功能的使用方法如下：

①开启方法：使用语音命令“打开车前距离”或点击 PC 界面的“车前距离”功能按钮后，在车辆前方会出现一个空间标尺，见图 3-52。

②关闭方法：使用语音命令“关闭车前距离”或点击 PC 界面的“车前距离”功能按钮后，车前距离功能关闭。

图 3-52　车前距离界面

(8) 车辆轨迹

车辆轨迹功能必须与“鹰眼显示”功能配合使用，主要是帮助学员了解车辆的行驶路线。车辆轨迹功能的使用方法如下：

①开启方法：在开启“鹰眼显示”功能的情况下，使用语音指令“打开车辆轨迹”或点击 PC 界面的“车辆轨迹”功能按钮后，会出现车辆已经完成的运行轨迹，见图 3-53。

②关闭方法：使用语音指令“关闭车辆轨迹”或点击 PC 界面的“车辆轨迹”功能按钮后，车辆轨迹功能关闭。

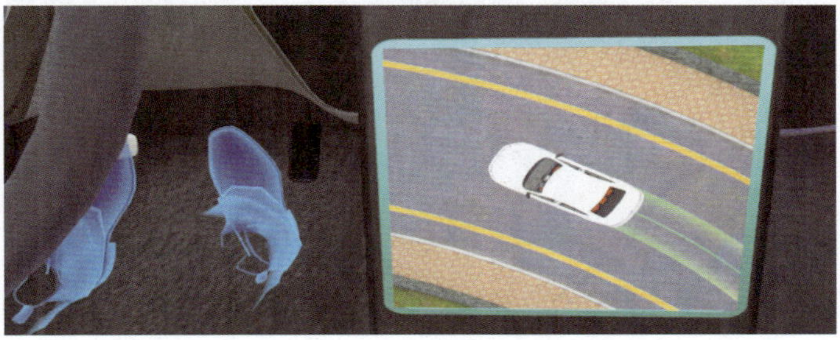

图 3-53　车辆轨迹界面

(9)教学视频

教学视频功能是让学员观看教学视频了解正确的操作方法。在任意训练场景内，使用语音命令“打开视频列表”或点击 PC 端界面的“视频列表”功能按钮后，系统进入视频列表界面，见图 3-54，然后再点击选择相应的视频，便可以观看视频内容。VR 智能模拟器包括了设备介绍、上车准备、调整座椅、调整后视镜、系安全带、方向盘操作、灯光认识、离合踏板、刹车踏板、油门踏板、变速杆、换挡旋钮 23 项教学视频。

图 3-54　教学视频界面

(10)快捷操作

快捷操作功能是让学员快速返回至科目训练或评测的初始位置。点击 PC 端界面的“快捷操作”功能按钮后，系统进入快捷操作界面，见图 3-55，然后再点击“重新体验”功能按钮，系统自动返回至当前训练或评测科目的初始位置。

图 3-55　快捷操作界面

第二节　AI 智能训练车使用常识

AI 智能训练车是在真实的教练车上集成运用智能传感、高精度差分定位、三维地图、机器视觉、语音人机交互、ADAS 等技术，它具有环境感知、卫星定位、数据存储、数据通信、人机交互、辅助教学、决策处理、控制执行等功能，能实现学员训练过程监测记录、训练效果分析、交互式教学指导和安全防护等，见图 3-56。AI 智能训练车在场地驾驶训练中得到广泛应用，能帮助学员快速建立车感和掌握场地项目驾驶技能，提高训练效率和效果。

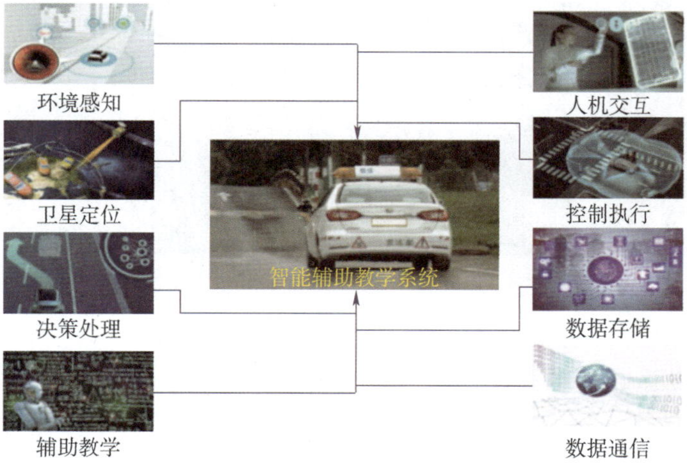

图 3-56　AI 智能训练车功能组成

一　AI 智能训练车结构组成

AI 智能训练车包括车载端和中央监控端，车载端包括智能教学、模拟考试、语音交互、学员求助、教学过程记录、安全驾驶行为习惯导入、全景三维电子地图显示、安全防护、设备自检与故障诊断预警等子系统；中央监控端包括智能监控与智能管理子系统。

二　车载端软件系统使用方法

AI 系统是一款智能教学系统，此系统避开了传统生硬的教学方式，它在教授学员的过程中潜移默化地向学员植入了安全意识。

1　系统自检

系统开机前，将车辆开到平整、空旷的区域，车辆周围两米内无障碍物，保持车辆处于自由状态。系统开机动画结束后自动跳转至自检界面，见图 3-56，检测各功能模块是否正常工作。系统自检时按照图 3-57 的提示进行，起动车辆，挡位放置于空挡位置，拉紧手刹，回正方向盘，关闭车门，松抬离合踏板、刹车踏板和油门踏板，关闭转向灯和危险报警闪光灯。

图 3-57　系统自检界面(一)

系统自检各设备模块功能正常，会跳转至登录界面；如果设备出现问题，会显示有故障设备的名称，见图 3-58，严重问题会影响训练安全，学员应及时联系附近的教练员或维修人员进行处理。

图 3-58　系统自检界面(二)

2 系统登录与退出

系统自检通过后，呈现登录界面，见图 3-59。

图 3-59　学员登录界面

学员初次登录系统时，需要输入学员编号、身份证号等身份信息，系统会自动捕捉学员的面部照片，见图 3-60。学员再次登录系统时，可以通过人脸识别或者输入学员编号来登录。只有学员在初次登录时输入身份证号码,系统才能够在训练过程中记录学员的训练信息。此外,如果学员上车后发现系统正登录着上一位学员的账号,则需要先退出来,重新用自己的账号登录。

图 3-60 学员面部捕捉界面

系统登录成功后,则进入主界面,准备开始训练,见图 3-61。系统主界面展示以下信息:

①显示当前练车学员的姓名。

②培训学时信息,学员本次练车时长,方便学员把握学车进度。

图 3-61 系统主界面

③语音唤醒，学员可以和系统进行简单对话。

④训练功能模块，包括基础车感、项目练习、模拟考试三个模块。

⑤求助客服，学员可以和中控进行视频、语音通话。

⑥帮助，系统各功能模块的介绍以及安全制动解除。

⑦结束练习，退出登录。

训练结束时，学员通过点击“结束练习”按钮，退出系统登录，完成本次训练任务。结束学车练习后，系统自动停止培训计时，也可以切换学员账号。

3 训练与模拟考试功能

AI 智能训练车支持“基础车感”“项目练习”“模拟考试”三个方面的训练内容。

(1)基础车感

基础车感训练主要是针对刚开始上车训练的学员，训练的目标是让学员掌握操纵装置的正确操作方法，训练学员起步停车、方向控制、速度控制和车辆距离感。学员点击“基础车感”功能按钮后，系统进入下一个学习界面，见图 3-62。

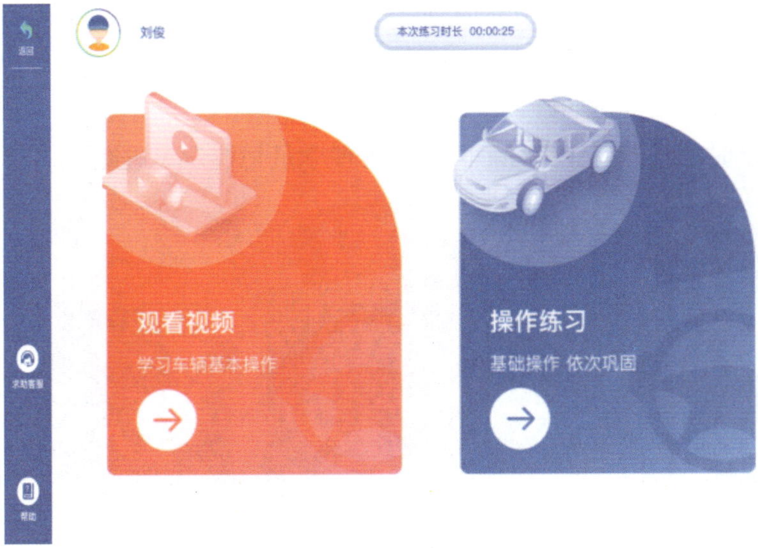

图 3-62 “基础车感”学习界面

基础车感训练包括“观看视频”“操作练习”两个部分，学员可以先选择“观看视频”，通过观看教学视频中各种操纵装置操作要领的讲解，建立规范操作的印象；然后再选择“操作练习”，分任务进行操作练习。

在“观看视频”中，系统包括上车练习、调整座椅、系安全带、调整后视镜、仪表盘、灯光认识、雨刷器、变速杆、离合踏板、半联动、油门踏板、下车练习等教学视频，见图 3-63。系统涵盖了“上车—机件识别—起步停车—下车”等整个驾车环节的内容，以视频方式详细讲解各项操作要领。

图 3-63　“观看视频”学习界面

在“操作练习”中，系统支持挡位、离合半联动、方向盘、起步停车、直线前进、直线倒车、5 米前进后退、1 米前进后退、左/右转弯、灯光练习等练习内容，见图 3-64。学员在每项练习中，系统均会给予学员语音提示和指导，帮助学员建立正确的操作方法。

a) 挡位操作练习

图　3-64

b) 直线前进练习

图 3-64 “操作练习”学习界面

(2)项目练习

项目练习主要是针对已经形成基础车感的学员,训练的目标是让学员熟练完成侧方停车、坡道定点停车和起步、直角转弯、曲线行驶、倒车入库等 5 个项目的训练。

学员点击“项目练习”功能按钮后,系统将自动对车辆位置与场地内的训练项目位置进行匹配,当车辆处于某一训练项目位置时,跳至该训练项目的练习界面,见图 3-65。

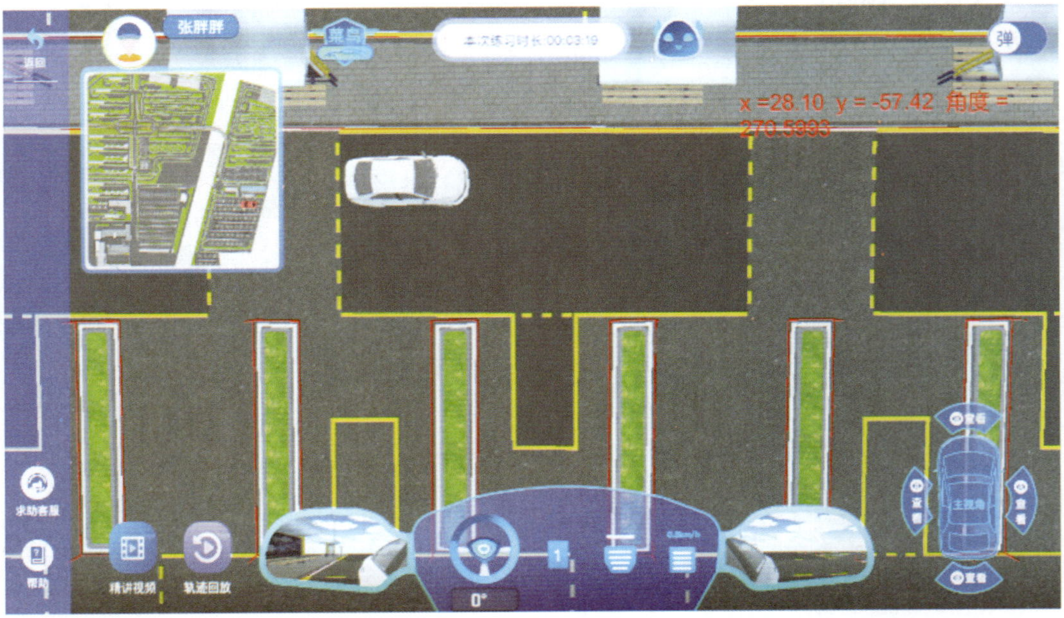

图 3-65 “倒车入库”训练项目的练习界面

在项目练习中,系统会给予学员操作提示,包括学员出现问题时的提示。同时,系统还具有驾驶操作信息展示、精讲视频、观察视角切换、轨迹回放等功能,辅助学员进行项目练习。

(3)模拟考试

模拟考试是针对已经完成“项目练习”,掌握各个训练项目操作技能的学员。模拟考试依据科目二考试评分标准,检验学员项目练习效果,并让学员提前熟悉科目二考试要求。模拟考试包括侧方停车、倒车入库、直角转弯、曲线行驶、坡道定点停车和起步五个项目的单项模拟考试和综合模拟考试。单项模拟考试是只针对选择的某一个项目进行考试,可以反复模拟考试;而综合模拟考试则是按照规定的路线,依次完成所有项目的考试。

学员点击“模拟考试”功能按钮后,系统进入模拟考试界面,见图 3-66。学员继续选择“单项模拟”或“综合模拟”功能按钮,将车辆开到指定的考试起点,AI 智能系统会对车辆位置与场地内的项目位置进行匹配,语音播报考试开始,并开始进行记录,见图 3-65。如果系统没有播报,学员需要在项目外拉手刹、将挡位至于空挡,再重新将车辆开到考试起点位置。

图 3-66　模拟考试界面

在模拟考试过程中,如果出现压线、熄火、中途停车等扣分情形,AI 智能系统均会语音播报;如果扣分超过 20 分(得分低于 80 分),则本次模拟考试失败,需要重新考试。在综合模拟考试中，如果扣分不超过 20 分（得分不低于 80 分），则会继续进行下一个项目的考试，直至所有 5 个项目的考试结束，系统显示最终的考试结果和扣分项，见图 3-67 和图 3-68。

图 3-67　模拟考试结果

图 3-68　模拟考试不合格的原因

4 辅助训练功能

在"项目练习"过程中，AI 智能系统提供了学员训练等级切换、训练场地全景图示、观察视角切换、操作行为信息展示、行驶轨迹回放、精讲视频等辅助训练功能，见图 3-69。

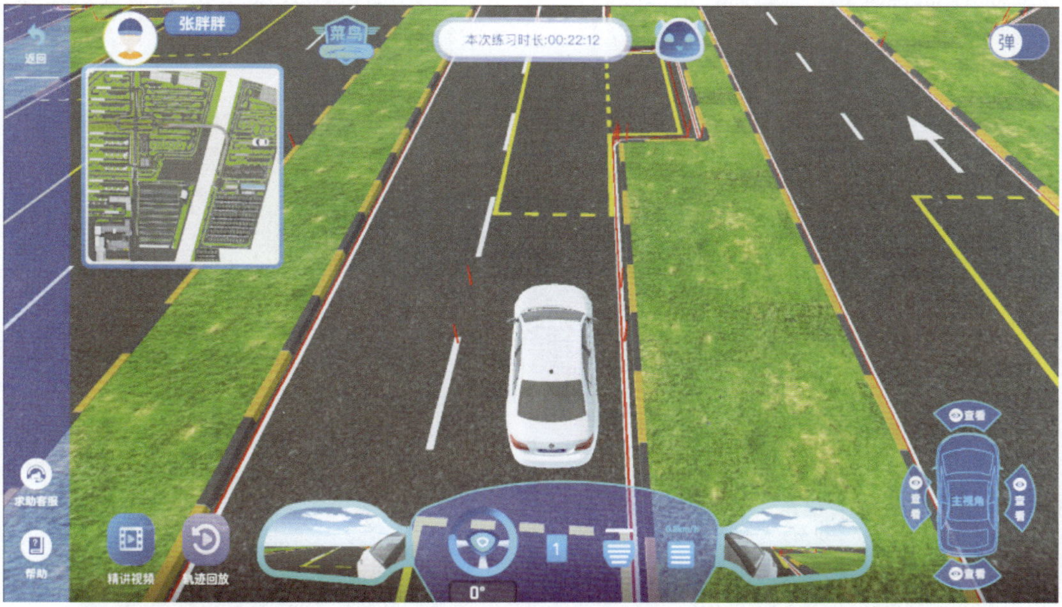

图 3-69 系统主界面平面图

(1)学员训练等级

学员训练等级功能的作用是对学员实施针对性的教学指导，增强学员参与训练的兴趣。AI 智能系统按照学员掌握驾驶技能的程度，由低级至高级将学员分为“菜鸟-大虾-老鸟”三个训练等级。相对高级状态，在低级状态下训练时，AI 智能系统会针对训练要点给予学员更多的语音提示。

在整个训练过程中，AI 智能系统会根据学员的情况自动由低级向高级进阶，同时，学员训练等级也可由学员根据自身训练情况手动切换。学员手动切换等级的方法是点击界面中的“”功能按钮，选择相应的训练等级。

(2)训练场地全景展示

训练场地全景图的作用是帮助学员实时了解车辆所处的位置，更好地开展路线规划。AI 智能系统利用俯视小图的方式，实时展示训练场地的轮廓以及车辆当前所处的位置。

(3)观察视角切换

观察视角切换功能的作用是让学员方便地查看车辆周边的情况，包括观察车辆外廓与参照物之间的相对位置和距离。在训练过程中,车辆通常处于主视角状态,即驾驶员座椅位置向前的视角。在训练中,学员可实时切换为车辆前方、后方、左侧和右侧的观察视角,见图3-70~图3-73。视角切换的操作方法是点击界面中的“ ”功能按钮的相应部位进行切换。

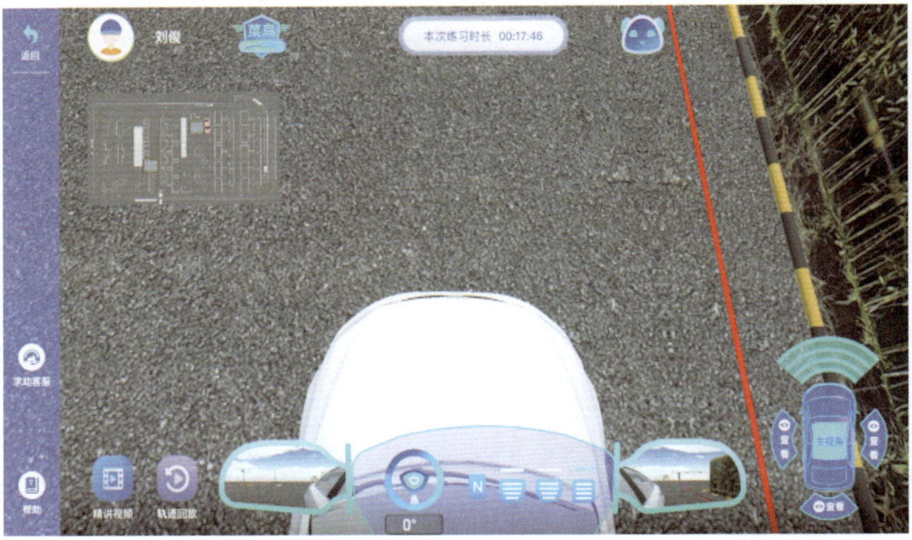

图3-70　车辆前方视角

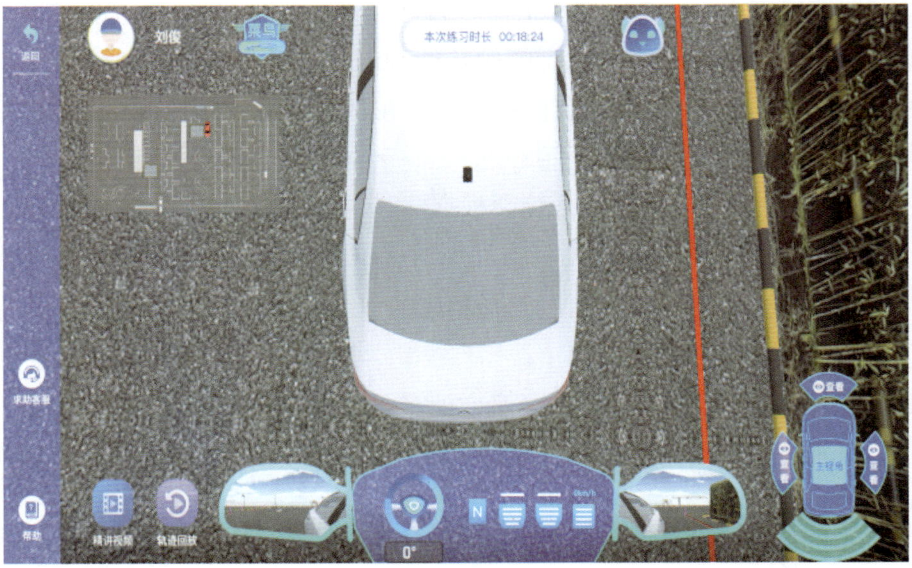

图3-71　车辆后方视角

图 3-72 车辆左侧视角

图 3-73 车辆右侧视角

(4)操作行为信息展示

驾驶操作行为信息展示功能的作用是帮助学员实时了解驾驶操作状态。在训练过程中,AI 智能系统在显示屏幕的下方展现当前的左右后视镜、方向盘的转动方向和角度、挡位、离合器踏板行程、刹车踏板行程、油门踏板行程等信息。

(5)轨迹回放

轨迹回放功能的作用是在学员训练中出现操作错误时,可以回放训练过程,总结分析错误的原因,及时改正。AI 智能系统还支持学员查看历史训练的记录信息。轨迹回放的操作方法是点击界面中的“轨迹回放”功能按钮，系统进入项目历史训练记录界面，见图 3-74。

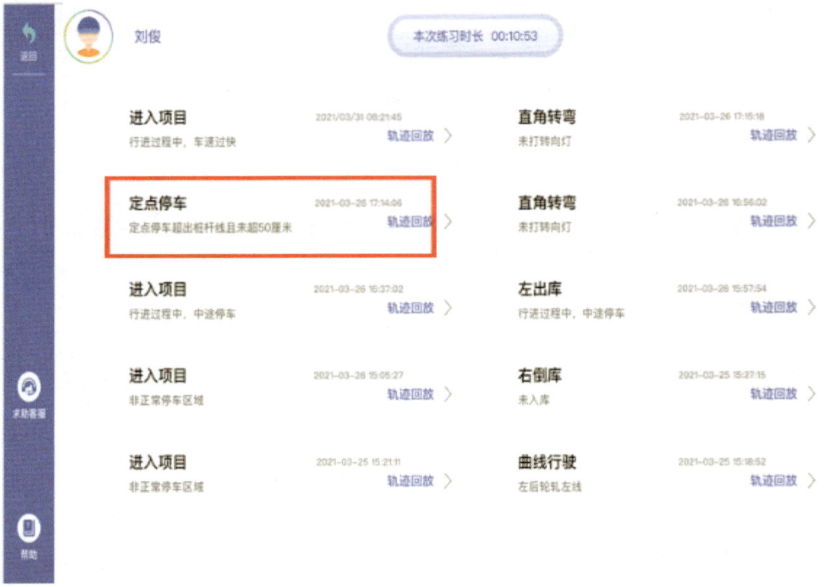

图 3-74　历史训练记录界面

在图 3-74 的历史训练记录界面，点击某一条训练记录，即可查看该次项目训练的过程回放，见图 3-75。

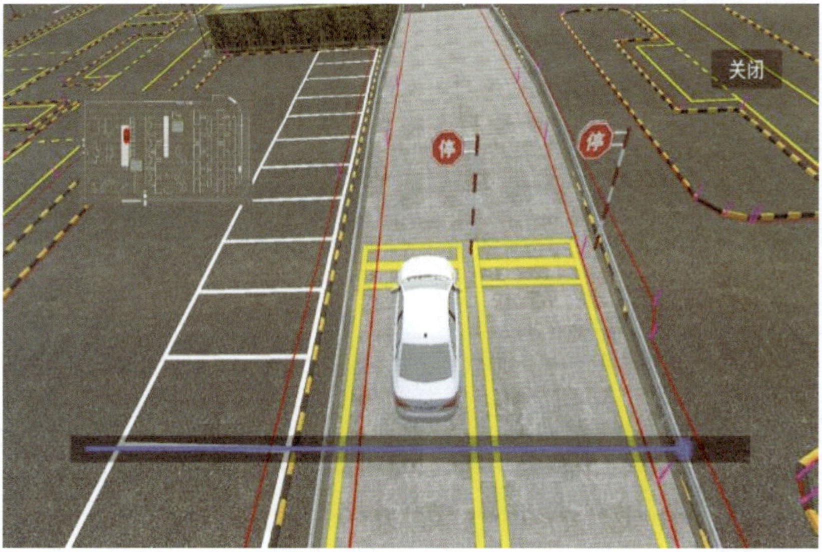

图 3-75　训练轨迹回放界面

（6）精讲视频

精讲视频的作用是针对不熟悉项目操作要领的学员，通过视频讲解的方式让学员了解并掌握项目的关键记忆点及操作要领。精讲视频的操作方法是点击界面中的“ ”功能按钮，进入精讲视频界面，见图3-76。

图3-76　精讲视频界面

系统根据项目特点，将各项目分解为若干个教学点位，对每一个教学点位均配备了讲解视频，见表3-3。

项目精讲视频信息　　表3-3

序号	项目名称	教学视频内容
1	倒车入库	全程演示、驶入项目、右倒库、左出库、左倒库、右出库
2	侧方停车	全程演示、进入项目、倒入侧方、驶出项目
3	曲线行驶	全程演示、曲线行驶
4	直角转弯	全程演示、直角转弯
5	坡道定点停车与起步	全程演示、定点停车、坡道起步

（7）远程交互

远程交互的作用是学员训练中遇到问题时，可以实时与中控室的工作人员进行远程音视频通话。远程交互的操作方法是点击“ ”功能按钮，AI智能系统自动帮助学员练习中控室，见图3-77。

图 3-77　远程交互操作界面

(8)安全防护

安全防护的作用是提高驾驶训练的安全性。在训练过程中,AI 智能系统通过监测车辆运行,自动识别以下危险或违反规则的情形,并采取制动措施:

①车辆前后有障碍物;

②车辆在坡道上发生溜车;

③学员误将油门当成刹车,导致的车辆异常加速;

④车辆误入电子围栏(在精确地图中施划的、不允许车辆驶入的区域);

⑤车辆行进过程中,学员安全带解开;

⑥车辆行进过程中,车门打开;

⑦车辆行驶速度超过系统的最高限速值。

当学员训练过程中出现车速过快时,AI 智能系统会自动实施点刹。如果车速降下来,则系统自动解除点刹;如果车速继续上升,则系统直接完全制动。

当学员训练过程中出现“解开安全带、开启车门、误踩油门”等情形时,系统自动制动并造成车辆熄火的,需要学员根据语音提示,先拉紧手刹,将变速器挡位置于空挡位置,重新点火,制动才能自动复位,见图 3-78。

当学员训练过程中出现“车辆前后有障碍物、溜车、误入电子围栏”等情形时,系统自动制动但未造成车辆熄火的,需要学员根据语音提示,先拉紧手刹,将变速器挡位置于空挡位置,制动才能自动复位,见图 3-79 和图 3-80。

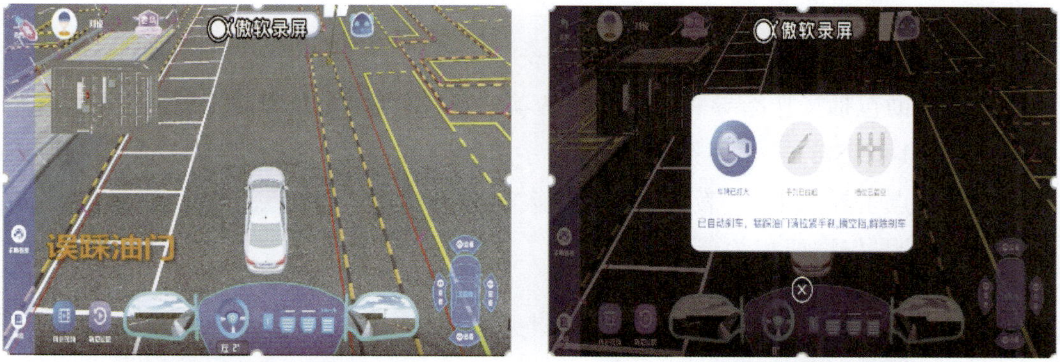

a) 出现误踩油门危险　　b) 系统自动制动后的界面

图 3-78　车辆出现误踩油门危险

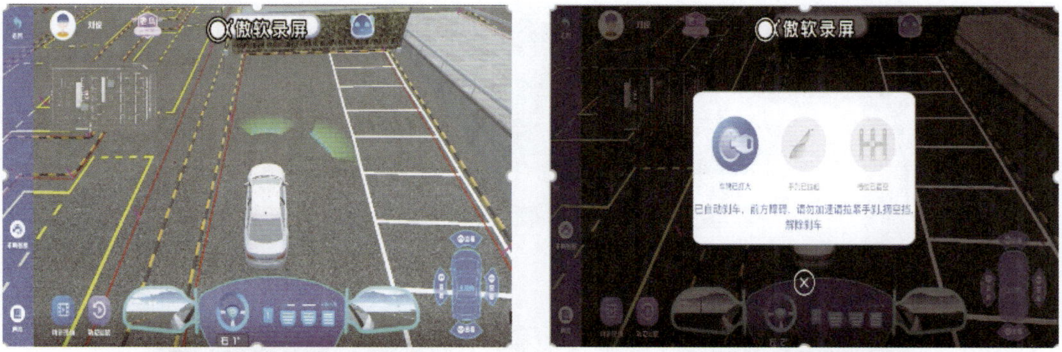

a) 车辆前侧探测到障碍物　　b) 系统自动制动后的界面

图 3-79　车辆前侧有障碍物

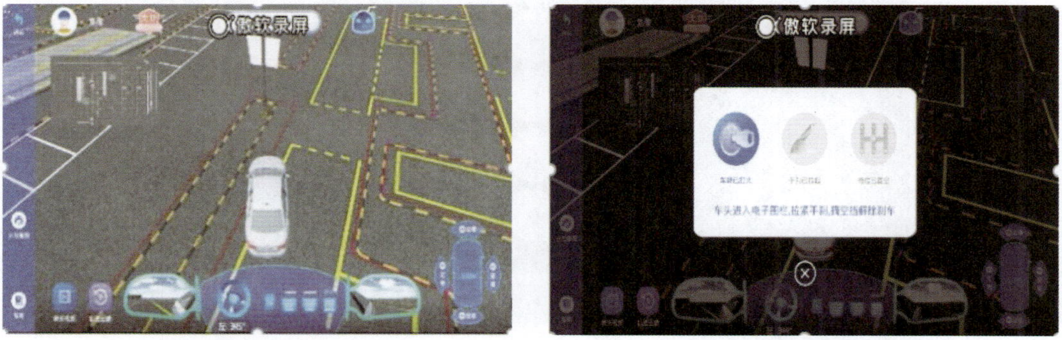

a) 车辆误入电子围栏　　b) 系统自动制动后的界面

图 3-80　车辆误入电子围栏

5 系统帮助

系统帮助包括操作指导和高级设置两项功能，其作用是指导学员使用AI智能系统，见图3-81、图3-82。点击界面中的“新手引导”功能按钮，系统展示AI智能系统的使用说明。点击界面中的“教练密钥”功能按钮，系统进入教练密钥修改界面，教练员可以修改密钥，但需要相关负责人确认。

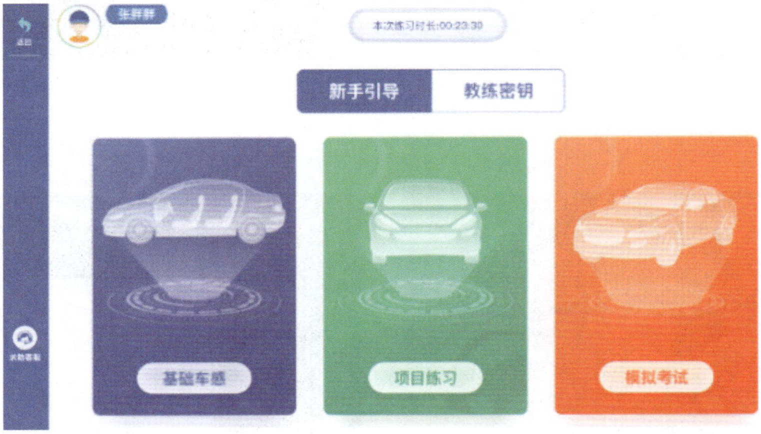

图3-81　帮助界面

图3-82　教练密钥修改界面

三　监控平台软件系统使用方法

智能管控中心的作用是远程实时监控教练车的训练状态，及时处置学员在训练过程中遇到的问题。监控平台软件系统是智能管控中心的关键工具,具有车辆实时状态监测、远程音视频交互、车辆远程控制和训练信息统计分析等功能。

1 系统登录

系统登录的作用是监控中心的工作人员登录系统,开始实施中控监管。工作人员打开浏览器(建议使用谷歌浏览器),输入网址 https://192.168.60.48324/demos,进入系统登录界面,见图 3-83。

图 3-83 智能管控中心登录系统界面

在系统登录界面中,工作人员输入账号和密码信息,通过验证后,系统进入主界面,见图 3-84。

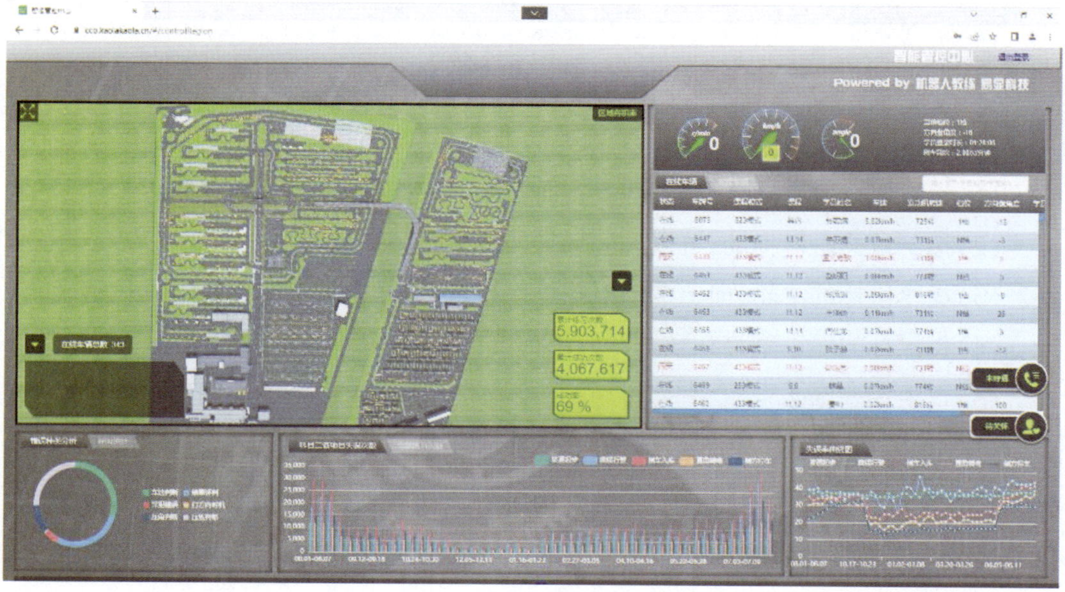

图 3-84 智能管控中心系统主界面

2 场地训练监测

在系统主界面的左侧有一副三维场景图，这是教练场地的三维实景全貌图。工作人员可以从三维场景图中看到场内在线教练车的数量以及教练车的实时轨迹，见图 3-85。

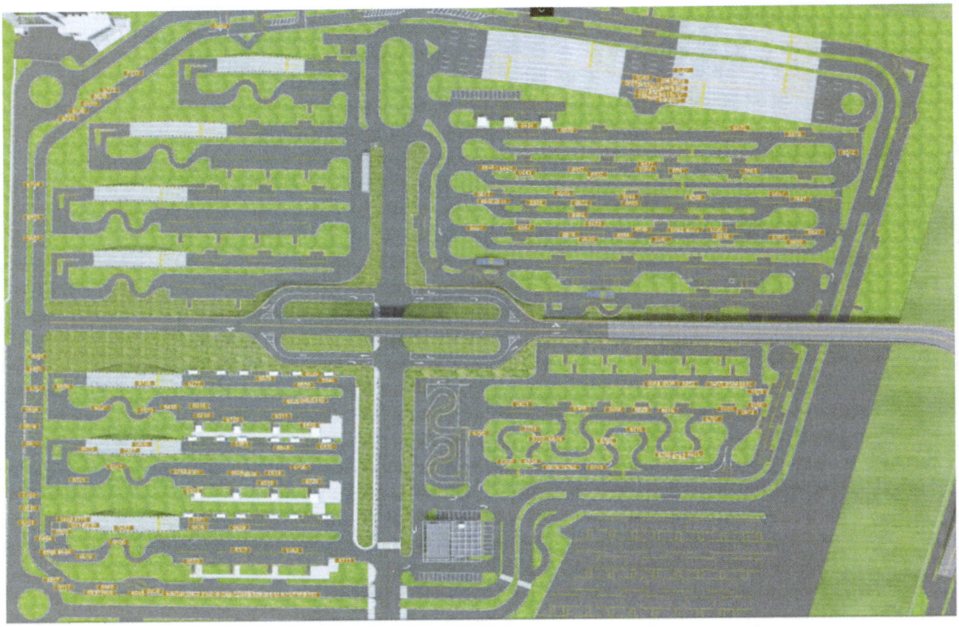

图 3-85 三维实景场地全景界面

为了及时了解场地内的情况，工作人员可以对三维场景图进行以下操作：

(1)按下鼠标左键，可以向左、向右、向上或向下拖动地图，移动视角；

(2)按下鼠标右键拖动，可以改变场景的旋转角度和俯仰角度；

(3)操作鼠标的滚轮，向上滑动滚轮可以拉近视角，向下滑动滚轮可以拉远视角；

(4)将鼠标的左键悬浮在教练车的图标上，系统会显示该车辆的号牌；

(5)点击场景图 3-84 左上角的“”图标，可以全屏放大三维场景，按“ESC”键则退出全屏模式。

在系统主界面的右侧展示了驾培机构所有运营教练车的实时在线和离线信息，每一辆教练车的信息包括状态(在线/离线)、车辆号牌、学员姓名、车速、发动机转速、挡位、方向盘角度、工作时长、刹车频次等，见图 3-86。

图 3-86 教练车状态信息框

工作人员选中某一辆教练车后，系统会显示该车的实时运行状态，包括发动机转速、车速、燃油消耗量、挡位、方向盘角度、工作时长和刹车频次信息，见图 3-87。

图 3-87 单车实时状态显示框

3 远程音视频交互

远程音视频交互的作用是当工作人员发现异常情况时，能够主动联系该车训练的学员了解情况，进行处置。操作方法是，在系统主界面的教练车状态信息框中选中某辆教练车，右键点击并选中“视频通话”，见图 3-88。

选中“视频通话”后，系统会呈现与学员的音视频通话框(系统支持中控工作人员同时与多名学员进行音视频通话)，见图 3-89。系统默认为可通话状态，点击“”，会关闭中控端到车载的音频通话；点击“”，会关闭车载端到中控的音频通话；点击“ ”，系统则挂断中控与车载的音视频通话。

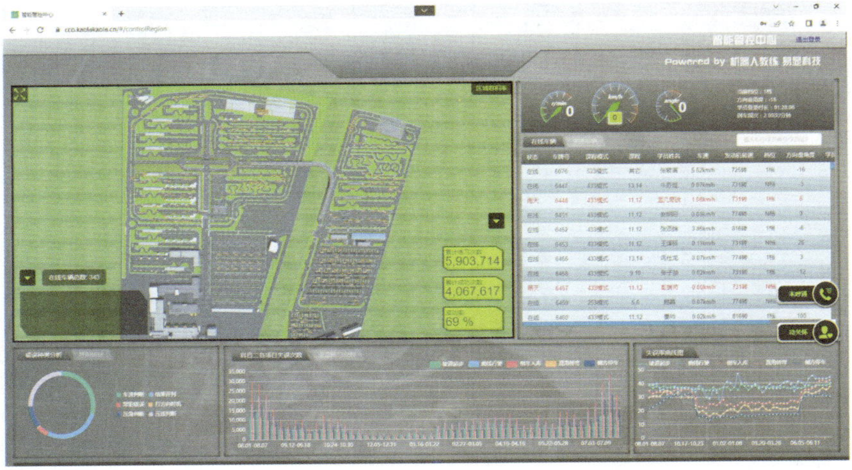

图 3-88　远程音视频通话操作界面

图 3-89　中控车载音视频通话界面

4 车辆远程控制

如果中控工作人员发现某辆教练车出现异样情况，可远程对该车辆进行控制，包括刹车、解除刹车、熄火和解除锁定等控制措施。其中，刹车表示远程控制车辆刹车，解除刹车表示远程解除车辆的刹车，熄火表示远程将车辆熄火，解除锁定表示远程解除车辆打火锁定。

操作方法是在系统主界面的教练车状态信息框中选中某辆教练车，右键点击“车辆控制”，选择相应的控制措施，见图 3-90。需要注意的是，车辆远程控制功能需要慎用，必须在确认教练车安全的情况下才能进行远程控制，以避免其他情况的发生。

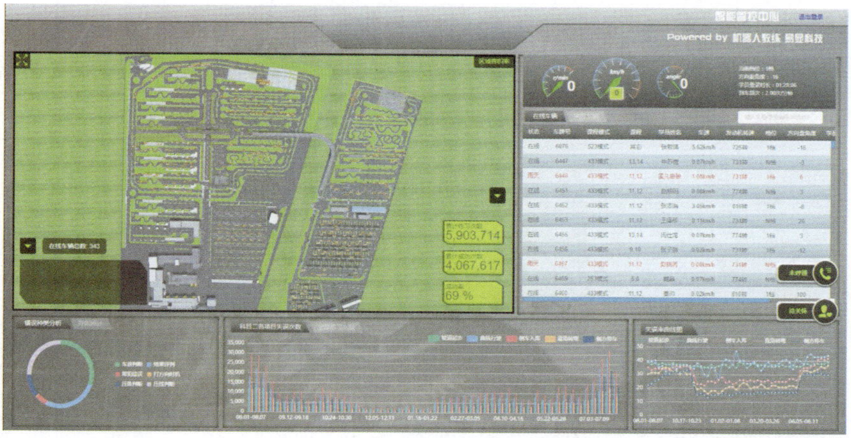

图 3-90　车辆远程控制操作界面

5 训练信息统计分析

训练信息统计分析包括学员总体训练情况分析和单个学员训练情况分析。

(1)学员总体训练情况分析

学员总体训练情况分析是针对驾培机构所有在训学员训练情况的分析，包括学员错误类型、科目二各项目失误次数、学员训练失误率等。

学员错误类型分析包括“车速判断”“压线判断”“压角判断”“打方向时机”“结果评判”“常犯错误”等，系统主界面当中展现了各种错误的占比，见图 3-91。

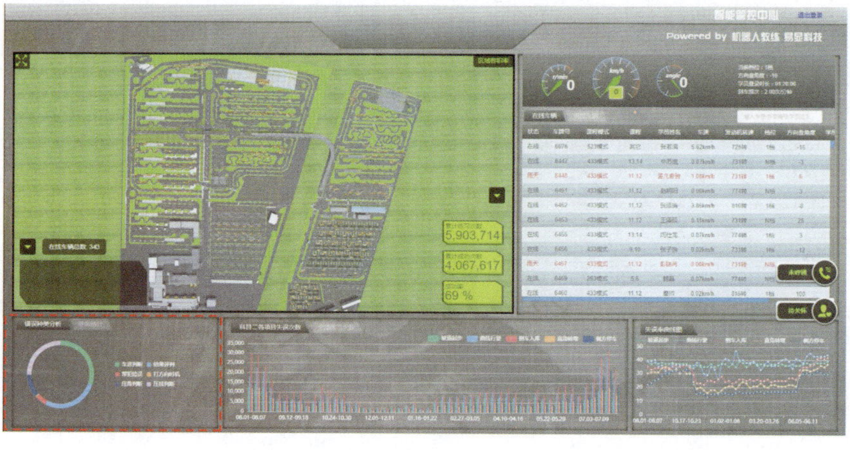

图 3-91　学员训练中的错误类型分析

科目二各项目失误次数采用柱状图的形式直观展示了一段时间内学员对“坡道

定点停车和起步”“曲线行驶”“倒车入库”“直角转弯”“侧方停车”五个项目训练中的失误次数，见图 3-92。其中，横坐标是时间坐标轴，以周为单位；纵坐标是失误次数，鼠标悬浮在时间坐标轴上，会自动弹出当前时间段每个项目的子项数据。点击“全部练习次数”，则会弹出全部练习次数的柱状分析图。

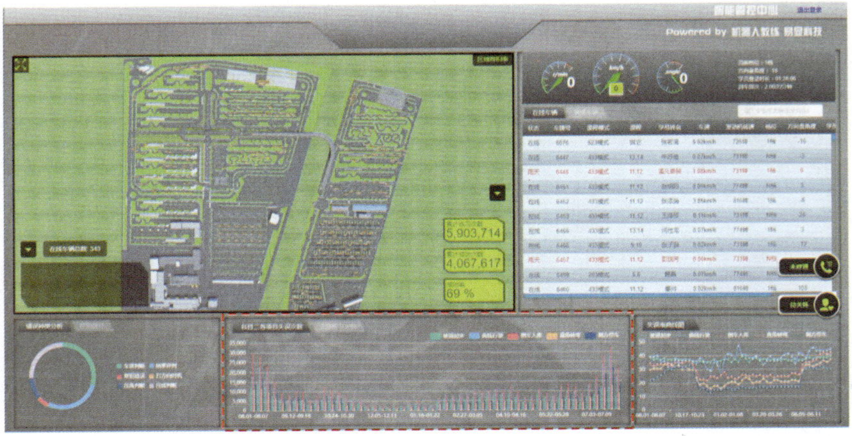

图 3-92　科目二各项目失误次数柱状分析图

学员训练失误率采用折线图的形式直观展示了一段时间内学员对“坡道定点停车和起步”“曲线行驶”“倒车入库”“直角转弯”“侧方停车”五个项目训练中的失误率情况，见图 3-93。其中，横坐标是时间坐标轴，以周为单位；纵坐标是失误率，鼠标悬浮在时间坐标轴上，会自动弹出当前时间段每个项目的子项数据。

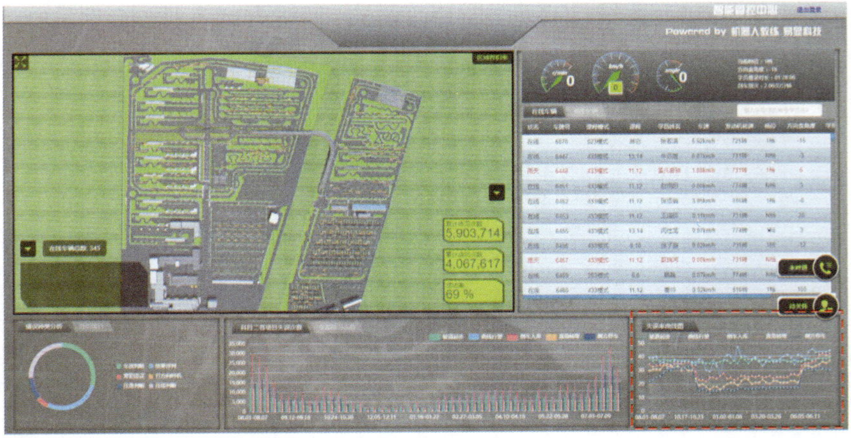

图 3-93　学员训练失误率曲线图

(2) 单个学员训练情况分析

单个学员训练情况分析是针对驾培机构某一位在训学员最近练习情况和整体练

习情况，便于教练员进行有针对性的指导。操作方法是：在系统主界面右侧的教练车状态信息栏中选中某一辆教练车，点击右键会弹出功能菜单，选择其中的“练车数据分析”，查看该教练车上当前训练学员的信息，见图 3-94。

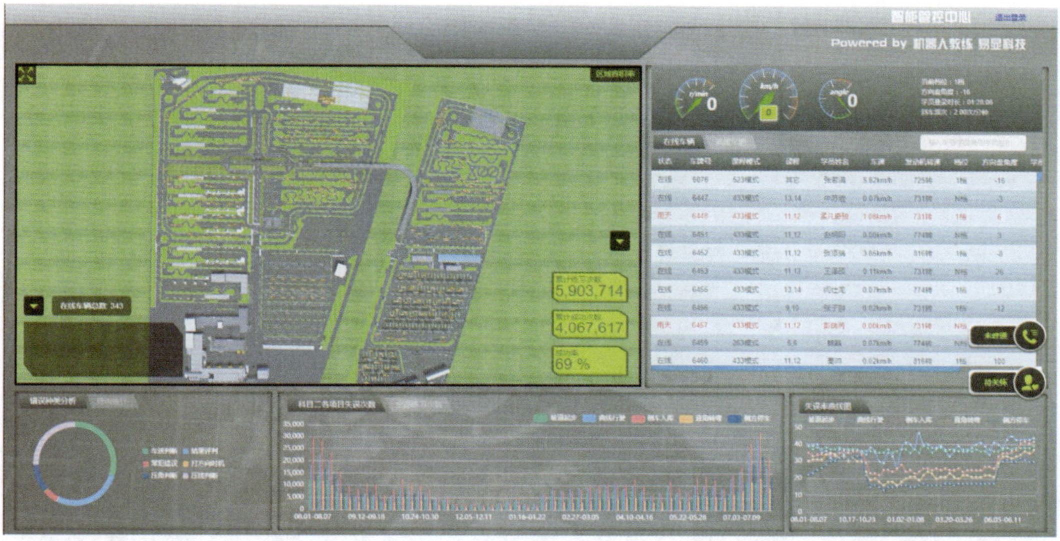

图 3-94　单个学员统计分析图

当前训练学员训练情况分析界面较为全面地展示了该学员整个训练过程的训练信息，见图 3-94 和图 3-95。图 3-94 的左上侧展示了当前学员的练习次数、成功次数、成功率。图 3-95 的右上侧展示了学员各科目合格率趋势。

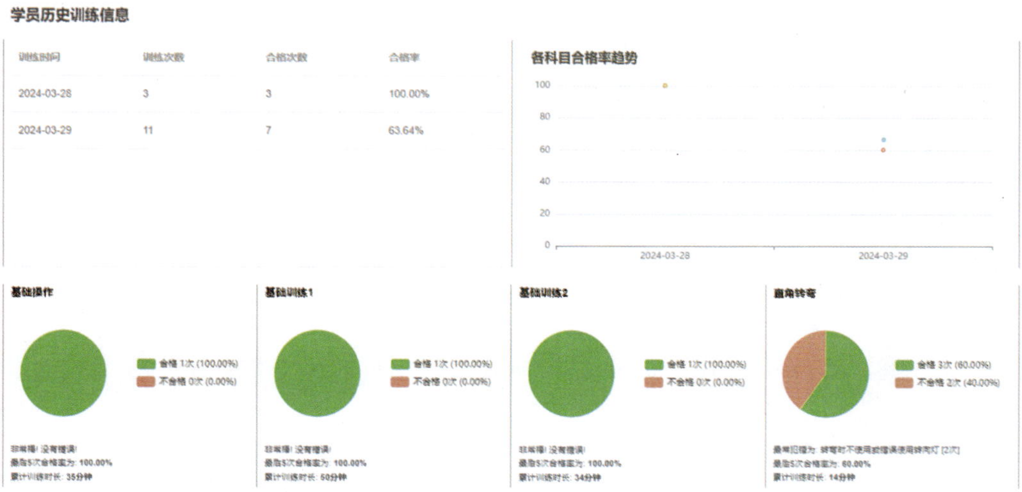

图 3-95　当前学员信息及练车分析界面

图 3-96 的左侧展示了学员最近一次训练情况，包括各项目的训练时长、各项目训练中失误的原因及训练建议。图 3-96 的右侧展示了学员整体训练情况，包括各项目的训练时长、各项目训练中失误的原因及训练建议。

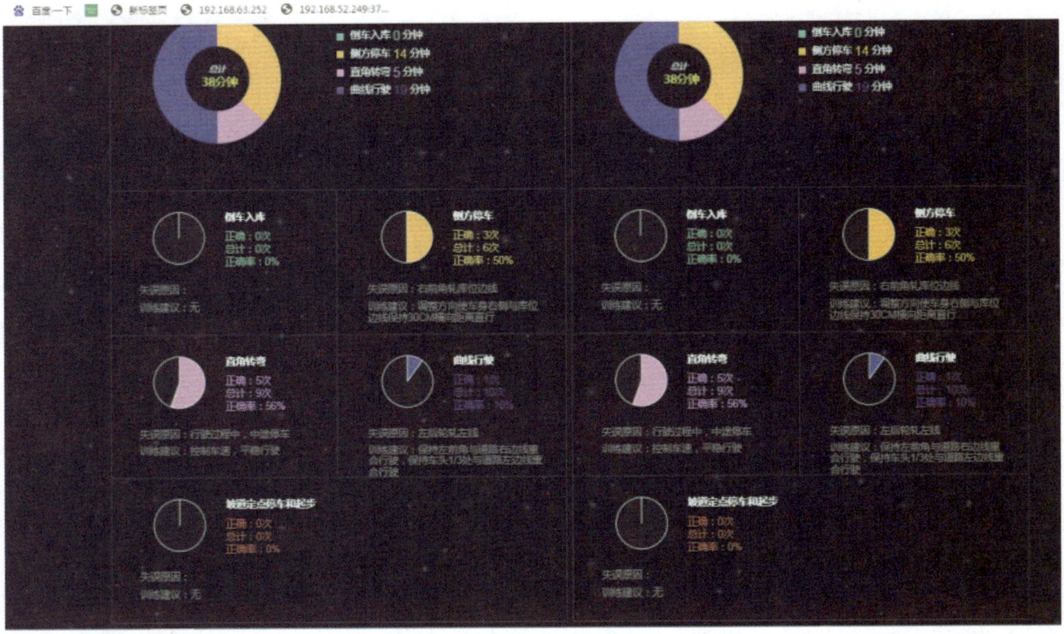

图 3-96　当前学员练车数据界面

第四章 起步前检查与操纵装置的操作方法

课程目的：掌握起步前的车辆检查内容及要求、上车后的准备和需要调整的各部件、操纵装置的规范操作方法，规范驾驶姿势。

训练方法：学员可以先利用VR智能模拟器进行模拟训练，再利用AI智能训练车进行实车训练。VR智能模拟器、AI智能训练车均设置了相关的教学视频，展示正确的操作方法和动作分解讲解，学员可以对照教学视频并根据系统的语音提示进行练习。

第一节 起步前的车辆检查与调整

起步前的车辆检查与调整是驾驶训练的第一步，也是学习驾驶的必修课，其目的是让学员了解车辆起动前的安全要求，掌握各个部件检查和调整操作的方法，形成正确的驾驶习惯。因此，教练员应该给予足够的重视，详细讲解应检查调整的内容并严格要求，使学员充分理解操作要领，掌握检查调整的方法，使整个驾驶学习过程有一个良好的开端。

一 检查仪表

1 教学目标

掌握仪表盘显示的主要功能，能够识别仪表显示的故障，避免车辆“带病”上路行驶带来安全隐患。

2 教学内容

车辆点火开关处于接电状态或发动机处于点火状态时，检查仪表盘显示的信息。

3 操作方法

仪表盘主要显示的信息包括：发动机转速、车速、里程、燃油量、水温、安全带指示灯、蓄电池充电指示灯、机油压力指示灯、手刹灯等，见图 4-1。

图 4-1　仪表盘

(1) 发动机转速表

发动机转速表的作用是体现当前状态下，车辆发动机的运转情况，见图 4-2。

(2) 速度和里程表

速度和里程表主要用于查看车辆行驶速度、累计行驶总里程和分段里程(可记录某一天或某一段路的里程)，见图 4-3。

图 4-2　发动机转速表　　　　图 4-3　速度和里程表

(3) 燃油表

燃油表用于指示油箱内存油量的多少，见图 4-4。

(4) 水温表

水温表用于指示发动机冷却液的温度，见图 4-5。

(5) 安全带指示灯

安全带指示灯用于提示安全带的连接或断开状态。安全带插头未插入固定扣时，指示灯亮，颜色为红色；插头插入固定扣时，指示灯熄灭，见图 4-6。

图 4-4 燃油表

图 4-5 水温表

(6) 蓄电池充电指示灯

蓄电池充电指示灯用于显示充电电路故障或发电机不向蓄电池充电，见图 4-7。

图 4-6 安全带指示灯

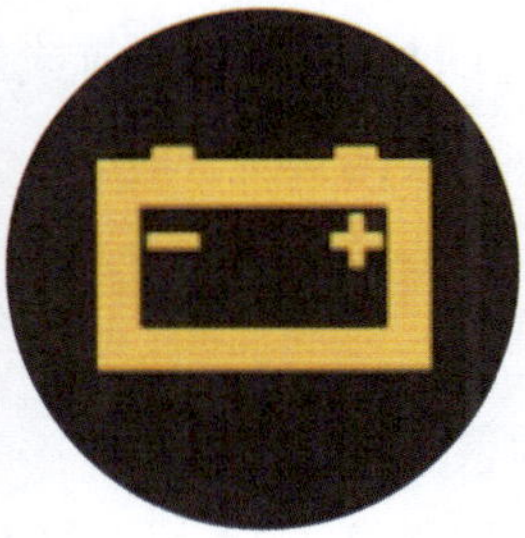

图 4-7 蓄电池充电指示灯

(7) 机油压力指示灯

机油压力指示灯用于显示机油压力过低或机油量不足，见图 4-8。

(8) 手刹灯

手刹灯用于提示手刹出现异常或故障，见图 4-9。手刹拉起时，指示灯亮，颜色为红色；松开后，指示灯熄灭。行车途中该灯亮起，表示制动系统出了问题。

图 4-8 机油压力指示灯

图 4-9 手刹灯

4 教学重点、难点

各类仪表指示灯的含义。

二 调整座椅与驾驶姿势

1 教学目标

掌握正确的调整座椅的方法及规范的驾驶姿势。

2 教学内容

规范驾驶姿势有利于观察道路情况，便于操作车内的各个部件，并能有效减轻驾驶人的疲劳度。座椅的位置过于靠前或靠后都会对操纵离合器、刹车踏板及其他部件带来不便，甚至影响操作安全。

3 操作方法

(1)座椅前后调整

上车后，左手握方向盘，右手提起座位下的调整把手，然后前后移动座椅，使左脚踩下离合踏板，以腿部微屈为宜。调整完毕后，检查座椅是否锁定。座椅过于靠前或靠后都不利于驾驶操作，见图 4-10。

图 4-10 座椅前后调整

(2)座椅靠背调整

将胸椎以下的背部靠在座椅靠背上，两臂前伸，以腕关节可以放在方向盘顶端为宜。避免将座椅靠背调成 90 度或背部完全靠在座椅靠背上,造成仰角过大,见图 4-11。

图 4-11　座椅靠背调整

(3)驾驶坐姿

身体坐正,正对方向盘,两手轻握方向盘仿时钟 3 点和 9 点两个位置,两肘自然下垂,两眼平视前方,见图 4-12。

左脚放在离合踏板的左侧,右脚放在油门踏板上;双腿自然放松,两腿自然分开。

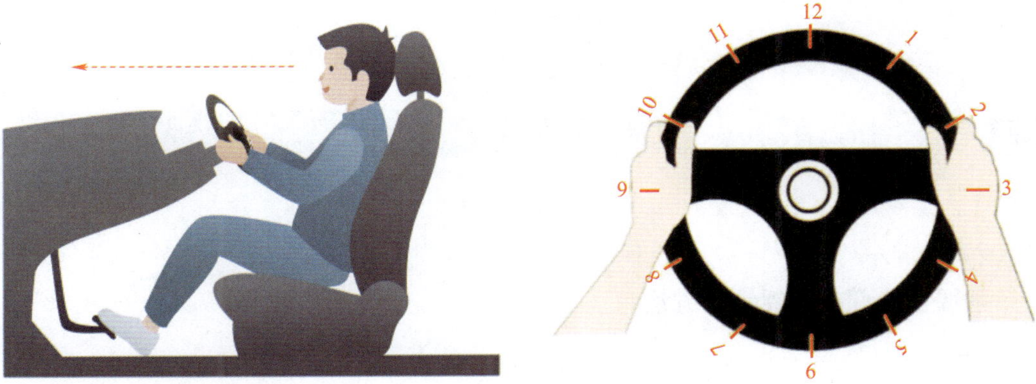

a) 正确的坐姿　　b) 方向盘的正确握法

图 4-12　驾驶坐姿

4 教学重点、难点

(1)正确调整座椅的方法。

(2)适合操作的身体位置和标准的驾驶姿势。

三 调整头枕

1 教学目标

掌握调整头枕的方法。

2 教学内容

头枕的作用:当车辆的后侧被撞击时,可以有效缓冲巨大的瞬间冲击力,保护脆弱的颈椎,降低颈部受伤的概率。

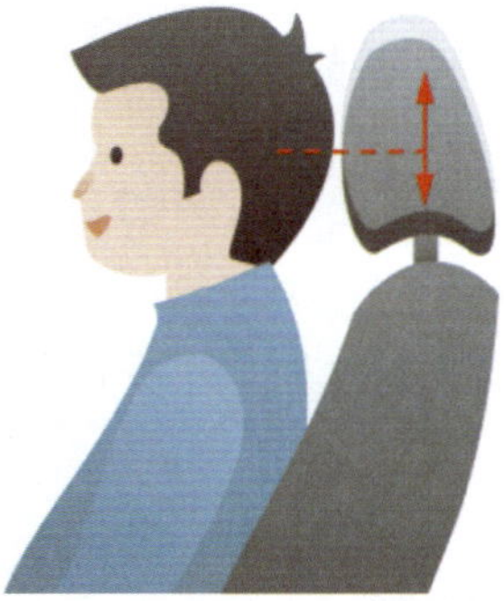

图 4-13 头枕高度的调整

3 操作方法

头枕高度的调整:将头枕上端调整到约与驾驶人头顶齐平位置,后脑枕部正对头枕中心,见图 4-13。

4 教学重点、难点

(1)头枕的作用。

(2)头枕的调整。

四 调整后视镜位置

1 教学目标

掌握正确调整后视镜的方法。

2 教学内容

车内及车外的后视镜调节方法。

安全知识

为什么在右侧外后视镜中,地面应占镜面高度的2/3?

因为我国实行右侧通行规则,驾驶人坐在车内左侧,距离右侧较远,为减少盲区,须将右侧后视镜中地面高度调整为2/3,以便尽早观察到车辆右后方来车情况。

③ 操作方法

先将座椅调好后保持规范的坐姿，再对车内、车外后视镜进行调整。

（1）车内后视镜调节方法

保持正确的驾驶姿势，微转眼就可以从车内中央后视镜中看到完整的后车窗为宜，见图4-14。

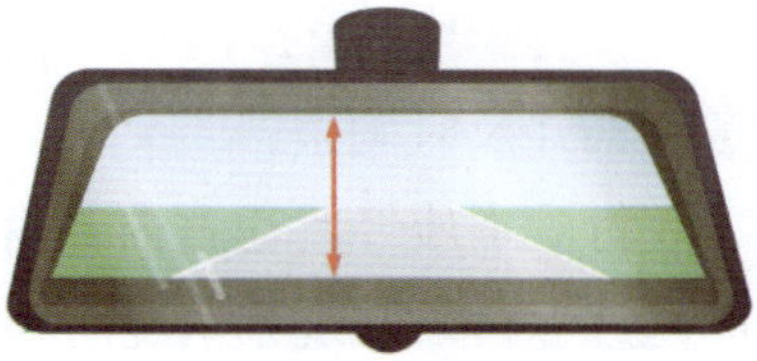

图4-14　车内中央后视镜调节方法

（2）左侧外后视镜调节方法

以左侧车身占左侧后视镜宽度的1/4，天地各占高度的1/2为适，见图4-15。

（3）右侧外后视镜调节方法

以右侧车身占右侧后视镜宽度的1/4，天空占高度的1/3，地面占高度的2/3为宜，见图4-16。

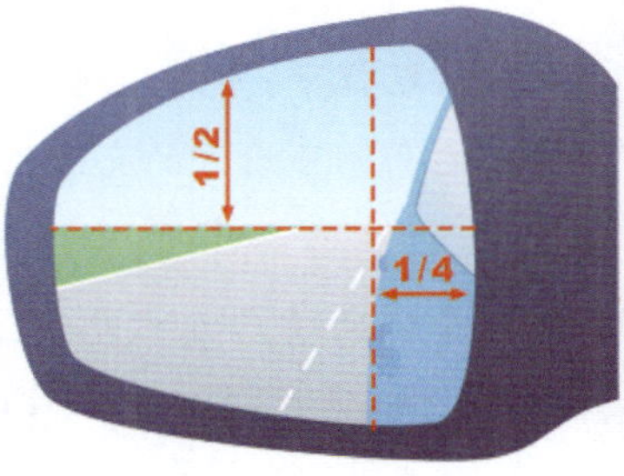

图4-15　左侧外后视镜调节方法

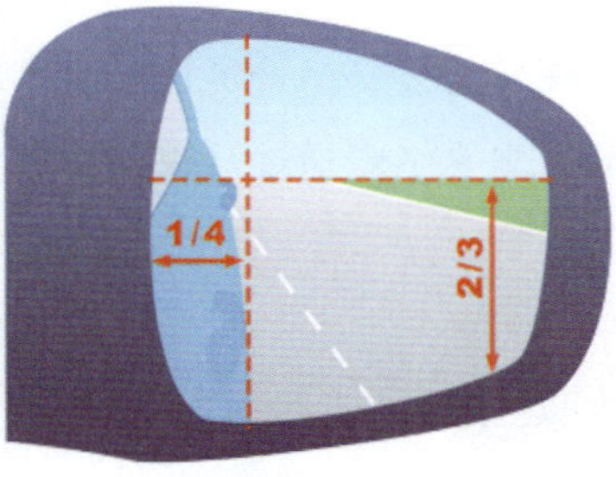

图4-16　右侧外后视镜调节方法

④ 教学重点、难点

（1）后视镜的重要性。

（2）正确调整后视镜的方法。

五 后视镜的使用

① 教学目标

掌握后视镜的使用方法，具备一定的观察能力。

② 教学内容

首先，行车前要调整好后视镜的位置和角度。

在道路上驾驶车辆起步、停车、超车、转弯、掉头等行驶路线将要发生变化时，在开启转向灯以前先要注意观察后视镜，及时了解车辆两侧和后方的交通情况，确认安全后才能实施转向操作。

在行车中，由于车辆的行驶振动，容易引起后视镜位置和角度的变化，故而应注意观察并及时调整。

行驶中应经常通过内外后视镜观察车辆后方及左右交通情况，每次观察间隔不应超过 20 秒，在观察情况时视线离开行驶方向不得超过 2 秒。

安全知识

养成良好的观察习惯

后视镜相当于我们驾驶车辆时在身后的一双“眼睛”，是用于观察车辆两侧及后方交通状况的重要安全装置。车辆驶离原车道或改变行驶路线时，需要通过后视镜对车辆左、右两侧及后方交通情况进行观察，车辆在行驶过程中，周围交通环境一直在动态变化，驾驶人需要不断通过后视镜来收集车辆左、右两侧及后方的交通信息。

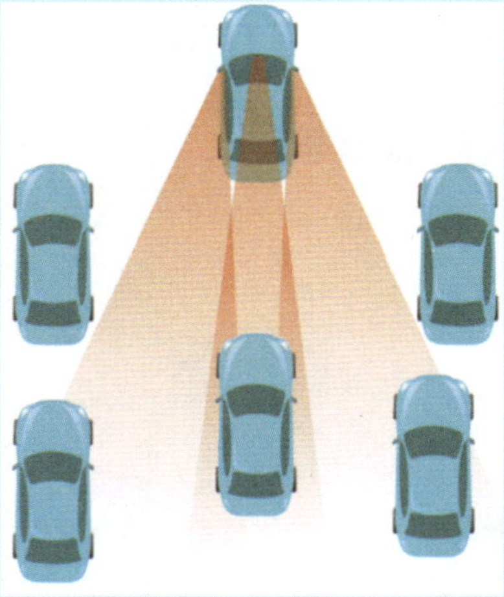

图 4-17　车辆后视镜的盲区示意图

坐在驾驶室内观察车外时，存在观察不到的地方，即盲区。车辆的前后左右都有盲区。通过后视镜不能做到 100% 观察到车辆侧后方交通状况，车身左侧和右侧后方各有一部分面积是观察不到的，需要回头进行观察，见图 4-17。

成熟的驾驶人不仅是在驾驶自己一辆车，还“驾驶”前后左右的多辆车。安全驾驶必须充分利用后视镜，每次观察时间不超过 2 秒，以便对自己周围的环境、车辆行驶位置以及后面车辆的位置和相对行驶速度等进行充分的观察和了解，采取预见性驾驶措施，以防止刹车时被追尾或其他情况发生。后视镜的使用应贯穿到整个学习训练之中，使学员养成良好的驾驶习惯。

3 操作方法

可视情况采取静止观察和行驶中观察两种不同方法。

(1)静止观察方法

将车辆停在路边,学员坐在车内驾驶座上,通过从车内、外后视镜观察参照物,了解视觉差。

(2)行驶观察方法

采用较慢的车速在车辆行驶中观察,了解后视镜中的交通情景。

4 教学重点、难点

(1)通过后视镜观察物体的视觉差。

(2)观察使用内外后视镜的要领和方法。

六 松、系安全带

1 教学目标

掌握正确使用安全带的方法,并充分认识不系安全带的危险性。

2 教学内容

安全带的作用:当车辆发生碰撞、紧急刹车或发生侧翻时,能将驾驶人和乘员牢牢固定在座位上,防止人体与车体发生碰撞造成伤害,从而对驾驶人和乘员起到保护作用。

若驾乘人员未系安全带,当车辆行驶中发生碰撞或紧急刹车时,人体因惯性前冲会造成致命的伤害。

后排乘车人往往会忽略安全带的使用,殊不知事故发生后,乘员和驾驶人受到的力是相同的,所以无论是副驾驶位乘员还是后排乘员都应系好安全带!

安全知识

安全气囊

很多人认为车辆已经配备安全气囊,系安全带就没有必要了。但事实上安全气囊是与安全带配套使用的,安全气囊是安全带的辅助安全装置。仅依靠安全气囊,无法发挥最大的保护效果。

3 操作方法

以驾驶人位置为例，座椅调好后将安全带缓慢拉出，跨过左肩向右斜方插入插扣，见图 4-18。松开安全带时，左手握住安全带的带束，右手按下插座上端的锁止按键，左手将其缓慢送回。安全带应保持平整。通过锁骨前方是正确的安全带系法，见图 4-19。

图 4-18 系安全带要点

图 4-19 系安全带的正确位置

带束通过脖颈的前方是一种错误的安全带系法，见图 4-20；带束通过臂膀的前方，也是一种错误的安全带系法，见图 4-21。

图4-20 系安全带不应通过脖颈前方

图4-21 系安全带不应通过臂膀前方

4 教学重点、难点

(1)不系安全带的危险性。

(2)培养驾乘人员上车就系安全带的好习惯。

第二节 操纵装置的规范操作方法

操纵装置的规范操作是安全驾驶的前提，教练员应让学员了解每个操作部件的作用，保证学员原地逐一训练，掌握正确的操作方法和操作要领后再上路行驶。

一 点火开关的使用

1 教学目标

掌握正确起动汽车发动机的方法。

2 教学内容

点火开关分为电子点火开关和机械式点火开关，用于接通或切断电源、点火和电气线路，见图4-22。

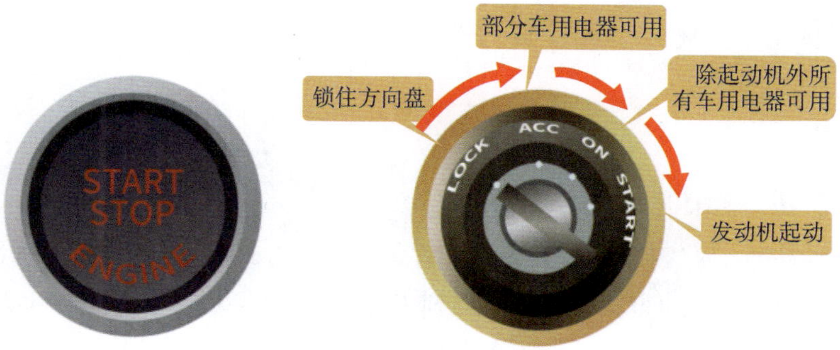

a) 电子点火开关　　b) 机械式点火开关

图4-22　点火开关

驾驶手动挡汽车时，在点火前应先确认变速杆置于空挡、手刹处于拉紧状态，踏下离合踏板，然后再顺时针转动点火开关。

当听到发动机发出爆燃声时松手即可，避免起动后不松手或转动不到位的情况。当点火开关转不动时，左右转动方向盘的同时再转动点火开关。

如果发动机不能立即起动，保持起动时间不能超过5秒，再次起动应间隔15秒后进行。

发动机起动后，严禁猛踩油门踏板或持续踩油门踏板不放松，这样既浪费燃油，又加剧发动机的磨损。

小知识

发动机起动常识

发动机起动包括常温起动、冷起动和热起动三种。当大气温度或发动机温度高于5摄氏度时，起动发动机不需要采取辅助措施，这种操作称为常温起动。当大气温度或发动机温度低于5摄氏度时，起动发动机称为冷起动。发动机温度在40摄氏度以上起动发动机，称为热起动。

发动机起动成功后，驾驶人应在原地保持怠速运转不超过1分钟，使机油温度升高，流动性能变好，保证发动机得到充分润滑，期间禁止踩油门踏板以及避免怠速运转时间过长带来额外的能源消耗。

发动机一次起动不成功时，反复进行起动操作会增加能源消耗量，驾驶人应间隔15秒以上再次尝试起动，二次起动未成功应检查供油(燃气)系统和电路系统，排除故障。

3 操作方法

由教练员进行操作演示。

起动发动机前，应先检查变速杆是否置于空挡位、手刹是否呈拉紧状态。然后踩下离合踏板，顺时针转动点火开关，当听到发动机发出爆燃声时，松开手刹即可。避免起动后出现不松开手刹或转动点火开关不到位的现象。

4 教学重点、难点

(1)明确转动点火开关前的检查项目。

(2)掌握正确起动发动机的要领。

5 学员容易出现的问题

(1)发动机起动后，不及时放松点火钥匙。

(2)发动机一次起动不成功后,立即进行重新起动操作,中间无时间间隔。

二 方向盘操作训练

1 教学目标

熟练掌握方向盘的操作方法,形成两手互换的意识。

2 教学内容

方向盘的作用:用来控制车辆行驶方向。

车辆行驶可分为直线行驶和弯道行驶,在直线行驶时两手轻握方向盘,把握好修正车辆行驶方向的时机,如车辆产生偏移,要用长一点的距离进行修正,不可过快过猛地转动方向盘。

在进入弯道行驶时根据路况,两手要有互换意识交替操作,视线观察前方,用余光带车头前行。

无论直线行驶还是弯道行驶,控制车辆行驶方向的关键在于认真观察和预见性驾驶。

操作要领:教练员在辅导学员训练方向盘操作时,要着重强调两手的互换意识,在转弯时以推动转向盘的方式进行,即左转右手先推、右转左手先推,不够再接,根据实际需要适当转动方向盘。

操作原理

为什么要规范转向操作手法?

规范的转向操作手法,在行车中特别是在特殊复杂路段行驶时,能方便、快捷、准确地控制车辆行驶的方向,为安全驾驶提供保障。

3 操作方法

操纵方向盘分交叉法和非交叉法两种操作法。

(1)交叉法

车辆通过曲率较大的弯道时,以左转为例(右手推,左手辅助):右手从3点位置逆时针推向9点位置,左手上接与右手形成交叉动作,见图4-23,左手拉至9点位置的同时右手回至 3 点位置等待；当转弯完成时，左手顺时针推向 3 点位置，右手上接下拉至 3 点位置，左手回至 9 点位置。

避免双手交叉于方向盘上等待，避免双手同时交叉握死。

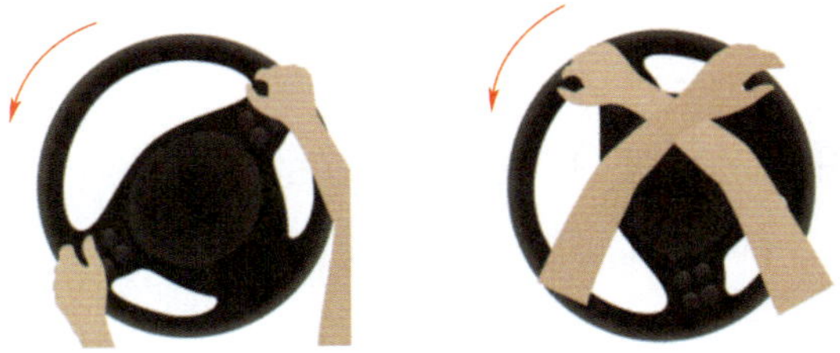

a) 右手从3点位置逆时针推向9点位置　　b) 左手上接与右手形成交叉动作

图 4-23　交叉法左转弯操作

（2）非交叉法（又叫推拉法）

车辆通过曲率不大的弯道时，以左转为例（右手推，左手辅助），右手从 3 点位置推向 9 点位置，左手在 9 点位置虚等，转弯完成时，右手拉回至 3 点位置，见图 4-24。转弯完成后，右手拉回。

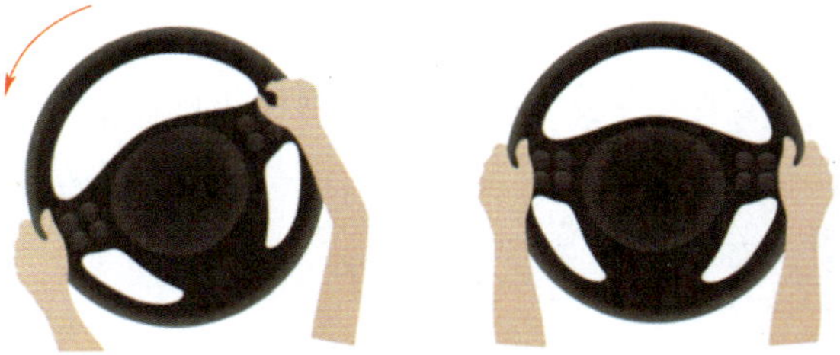

a) 右手从3点位置推向9点位置，左手在9点位置虚等　　b) 右手拉回至3点位置

图 4-24　推拉法左转弯操作

操作原理

什么是交叉法和推拉法？

当一只手一推不能完成转弯时需要另一只手来接续完成，这样两只手就形成了交叉，即形成了“交叉法”。在车辆转弯时，一只手一推或一拉能完成转弯，即形成了“推拉法”。

4 教学重点、难点

(1)在转弯时两手的互换意识。

(2)根据转弯角度,适度转动方向盘。

教学技巧

在进行车辆驾驶方向调整训练时,教练员需对学员的视线进行指导,做到看远顾近、兼顾两旁。帮助学员克服视线近、视角狭窄的问题。教练员应告知学员,只看车头或用车行道分界线及路缘石作参考物的错误做法会造成驾驶视线过近,视线过近的操作容易出现“画龙”现象。

5 学员容易出现的问题

(1)单手操作方向盘,双手同时离开方向盘。

(2)原地“打方向、掏方向、撺方向”。

(3)猛打方向,将转向盘转至极限位置。

三 离合操作训练

1 教学目标

(1)了解离合的作用。

(2)掌握触点位置的高低。

(3)熟练掌握离合踏板的操作方法和动作要领。

2 教学内容

离合踏板的操作是需要重点讲解的部分,教练员通过示范讲解,再指导学员操作,纠正学员操作中的错误,使其操作动作标准、规范,最终达到熟练。

离合的作用:将发动机的动力与传动系分离与接合。起步、增挡、减挡、停车都需要使用离合。

操作原理

为什么踩踏离合踏板时是以后脚跟为支点？

正确做好踩踏离合踏板的动作，对车辆平稳起步、半联动跟车、行驶中的变换挡位，都起着至关重要的作用。

踏下离合踏板后，“应以脚后跟为支点”，松抬离合踏板时“脚背上扬”，这样控制离合踏板半联动位置时力臂短，既省力又便于控制，当需要微量调整时，动作会更准确。若松抬离合踏板时后脚跟离开车辆底板，会悬起一条腿导致力臂变长，这时的支撑点放在胯部上，既不便于微量的调整又耗费体力。因此，操作离合踏板时脚后跟不应离开底板。

3 操作方法

用左脚前脚掌踩踏离合踏板，见图4-25。

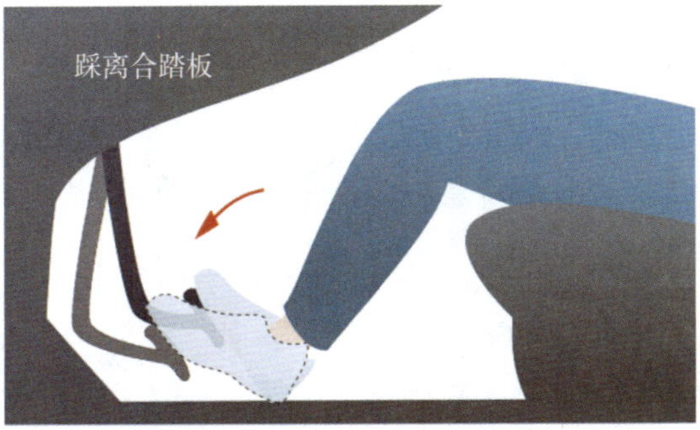

图4-25 用左脚前脚掌踩踏离合踏板

行驶中，离合要慢踩慢放。操作要领：二快二慢一停顿：

(1)一快：迅速将离合踏板踏下。

(2)二快：以后脚跟为支点，脚背上扬先快后慢，控制离合踏板前端的自由量，达到将要接近主、从动摩擦片接触点的位置。

(3)一慢：慢抬找离合踏板接触点，注意接近离合踏板接触点位置时动作放慢。

(4)一停顿：抬到离合踏板接触点位置时停滞2～3秒，等待车辆从静止状态起动起来。

(5)二慢：待车速平稳后，慢抬离合踏板。

4 教学重点、难点

(1)临近离合踏板接触点位置时的控制。

(2)脚后跟为支点,先快后慢的踩抬方法。

5 学员容易出现的问题

(1)起步时或换挡后,猛抬离合踏板。

(2)换挡时离合踏板踩不到底。

(3)行驶中,将左脚长时间放在离合踏板上。

四 刹车操作训练

1 教学目标

(1)熟练掌握两种减速停车方法。

(2)掌握缓抬动作,停车平稳。

2 教学内容

刹车的作用:使车辆减速或停车。

当需要减速或停车时应把握"前紧后松"的制动原则,训练中体会不同的踩踏刹车力度的车辆制动效果。可分为"轻踩长磨"和"轻重轻"两种方法:

(1)"轻踩长磨"减速停车:轻踩刹车,慢慢稳速踩压推进,用相对较长的距离停车。

(2)"轻重轻"减速停车:制动距离相对比较短,踩的力度由轻到重,再缓抬刹车。

3 操作方法

(1)"轻踩长磨"

轻踩刹车减速,在较长距离内减速停车。

(2)"轻重轻"

开始轻踩,中间加力,最后缓抬,使车的速度为零、车的制动力度接近于零的操作方法。

操作技巧

(1)在踩踏刹车时,使用前脚掌,避免使用脚尖或脚心。

(2)在车辆驾驶中,右脚不是在油门上,就是在刹车上,绝对禁止放在车辆底板上。

(3)注意刹车和油门的高低问题,需要制动时,应以脚后跟为支点,右脚前脚掌上扬,再移到刹车。

4 教学重点、难点

(1)两种方法的区别。

(2)车辆停止的一刹那,脚往上抬的动作感受。

5 学员容易出现的问题

(1)踏刹车用力过大,经常出现紧急刹车。

(2)松刹车不及时。

五 油门控制训练

1 教学目标

掌握轻加缓抬油门的操作方法。

2 教学内容

油门的作用:用来控制和调节车辆的行驶速度。利用油门提高或降低发动机的转速,达到加速或减速的目的,从而使车速提高或降低。

3 操作方法

加速时缓慢踩下油门,感觉车速逐渐提高,减速时(低挡低速时)缓慢上抬油门使车速逐渐降低,始终要让车辆处于均匀加速、减速的过程,严禁猛踩油门加速。

操作要领:轻踩、缓抬、匀加速。

4 教学重点、难点

加速时能缓慢踩下油门,均匀加速。

5 学员容易出现的问题

踏油门用力不均匀,猛踏、急抬油门。

六 变速杆操作训练

1 教学目标

熟练掌握变速杆操作方法,动作不能生拉硬拽。

2 教学内容

变速杆的作用:通过变换不同挡位来改变汽车的行驶速度,使车辆实现前进或倒退,见图 4-26。

教学中辅导学员识别挡位图、熟悉挡位、讲清复位弹簧的作用(当变速器操纵杆置于空挡位时固定在一个位置,能方便在变换各挡位时的操作)、强调变换挡位时的操作要领,动作轻巧,不生拉硬拽。

应向学员讲明:增挡时要逐级增挡,减挡时既可逐级减挡,也可越级减挡,无论哪个挡位都可以停车。

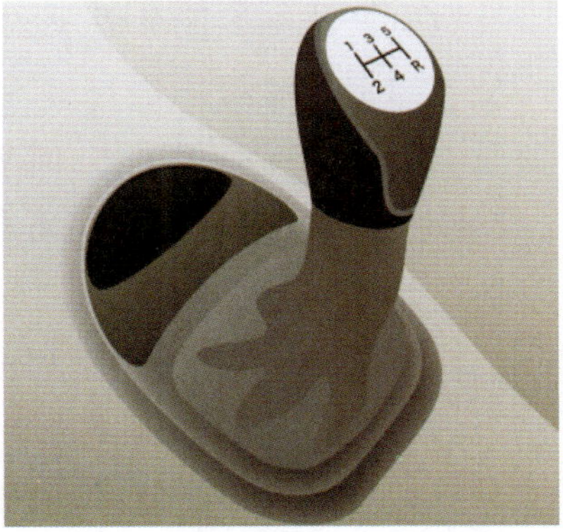

图 4-26 变速器操纵杆

小知识

小型自动挡汽车(C2)挡位及操作方法

自动挡变速器挡位的使用说明:自动挡变速杆的挡位一般有 P、R、N、D、3、2、1 挡等。在图 4-27 中,图 a)和图 b)所示是最常见的自动挡变速杆,图 c)是 6 速手自一体变速杆,图 d)是旋钮式自动挡变速器操纵器,图 e)是怀挡式变速杆。

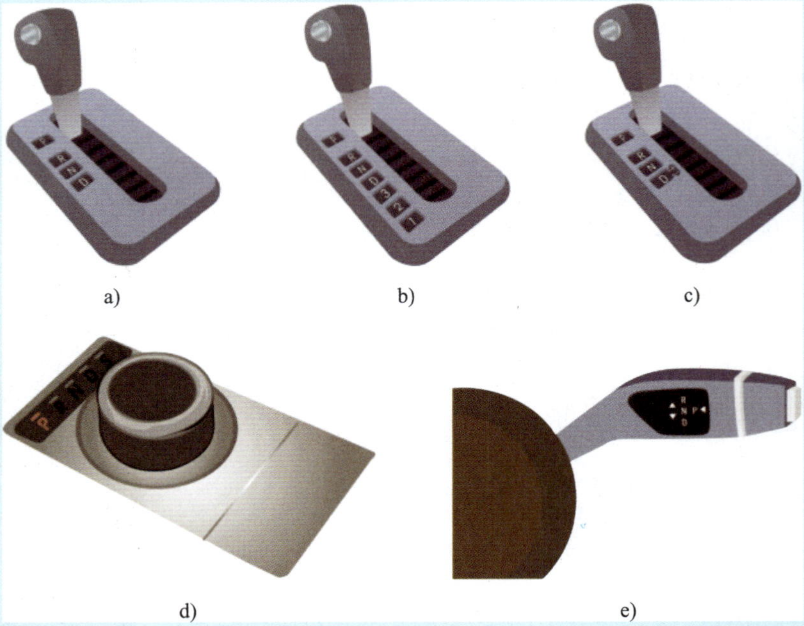

图4-27　自动挡挡位样式

(1)P挡——停车挡,或称泊车挡,在驻车时使用。此时车轮处于机械抱死状态,可以防止溜动。

(2)R挡——倒车挡,倒车时使用。操作时按下操纵杆上的保险按钮,才可将变速杆移至R挡。当车辆尚未完全停止时,变速杆不可强行移至R挡,否则变速器会受到严重损坏。

(3)N挡——空挡,暂时停车时使用。将变速杆置于N挡时,驱动轮与变速器之间完全分离。如遇到红灯时、短时停车时,可使用此挡位。

(4)D挡——前进挡,也称驱动挡。在这个挡位时变速器会在1~5挡位,根据车辆速度和油门的位置自动切换。

(5)3挡——低速行驶挡,表示限制挡。在这个挡位时变速器在1~3挡自动切换,不会升入高挡位,可在交通不太通畅时作为限制挡使用。

(6)2挡——低速行驶挡,表示限制挡。用于上下较大的坡路、湿滑路面起步或慢速行驶时,作为限制挡使用,以保证车辆获得最大前进动力。

(7)1挡——低速行驶挡,表示限制挡。用于车辆上很大的坡路时,限制车辆的挡位只使用低挡,这时发动机输出的扭力最大,适合较大阻力的行驶使用,在车辆下坡时又可利用发动机的牵制作用保持较低速度下坡。

另外自动挡汽车还可能出现的挡位有S挡、L挡、OD、OFF按键等，其用途如下：

(1)S挡——运动模式。车辆在这个挡位时，换挡时机会延迟，使车辆动力加大。

(2)L挡——低速挡，也称1挡。汽车发动机输出的转矩最大。

(3)OD、OFF——禁止使用最高挡。按下此键时最高挡位被禁止使用。

(4)雪花形按键——用于在湿滑路面起步，当按下此键时车辆将不从1挡起步，而从2挡起步，以降低转矩输出，避免车辆在湿滑路面上起步时打滑。

3 操作方法

操作要领：要横平竖直，直角变线，节奏明显，力度适宜。

右手轻握挡杆球头，前移时沉腕前推、后移时向后扣腕；横向移动时，翻转手腕先横向拨动变速器操纵杆，再前后移动。

4 教学重点、难点

变换挡位时做到动作轻巧，不生拉硬拽。

5 学员容易出现的问题

(1)强推硬拉变速杆。

(2)掌握挡位位置不准确，换挡时低头看变速杆。

(3)换挡时，没有将变速杆推拉到底，换挡不入。

七 手刹操作训练

1 教学目标

掌握操作手刹时，垂直上下动作、力度适当的方法，见图4-28。

图4-28 手刹

2 教学内容

手刹的作用：车辆停止后，防止车辆溜滑。

3 操作方法

操作要领:用力方向垂直上下;松开手刹时,遵循“提、按、松”的步骤。

拉紧手刹时右手握于手柄四指上提;松手刹时先稍向上提,用拇指按下前端按钮,再将手柄放下,见图4-29。

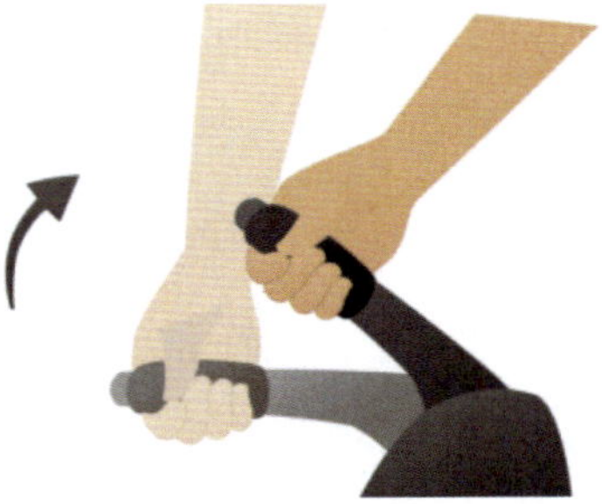

a) 提升拉紧手刹

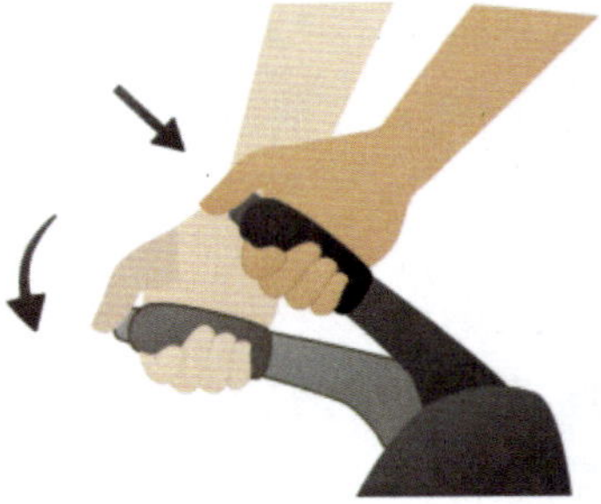

b) 松开手刹

图4-29 手刹操作方法

停车时先使用刹车将车辆停稳,拉紧手刹后再松开刹车,防止车辆溜动。

驾驶自动挡车辆使用手刹时,应在空挡位置时拉紧手刹,然后将变速杆推入到停车挡。

小提示

在长时间停车、坡道、离车情况下,驾驶人应当拉起手刹(驻车制动器),避免车辆溜、滑,造成碰撞。

4 教学重点、难点

松手刹时的操作:提、按、松。

5 学员容易出现的问题

(1)车辆未停稳便使用手刹。

(2)拉起手刹时,用力过大。

(3)不能完全放松手刹,使车辆处于半制动状态。

八 车辆灯光装置和刮水器的使用

1 教学目标

(1)掌握车辆灯光的作用和使用方法。

(2)掌握雨刷器的作用和使用方法。

2 教学内容

(1)车辆灯光

车辆灯光是汽车沟通的语言,是车辆行驶中相互交流信息、传达彼此行驶意图的有效方式。及时准确地使用车辆灯光,能够有效避免或减少交通事故的发生,特别是转向灯,能够传达"我要左转、我要右转"的意图,提醒其他车辆注意。行进中若不提示其他车辆就转向,很容易发生碰撞事故。

车辆灯光组合开关是控制前照灯(远光灯和近光灯)、转向灯、示廓灯等灯光的装置,常见的有旋转式和提拉式,根据行驶的需要旋转、拨动或提拉操纵装置,控制相应的车辆灯光,见图 4-30。

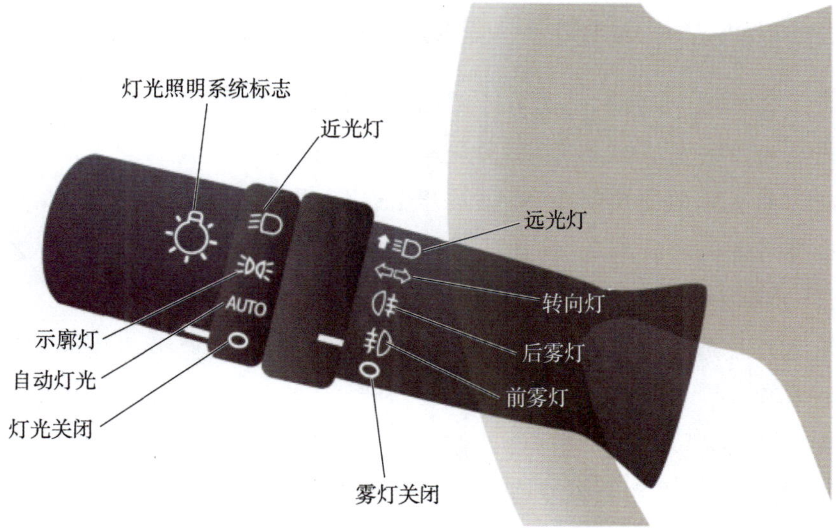

图 4-30 车辆灯光操纵杆

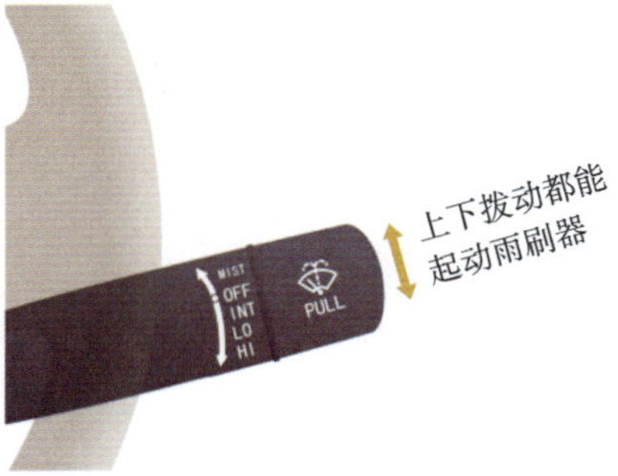

图 4-31　雨刷器操纵杆

(2)雨刷器

目前,主流汽车车型均配备拨杆式雨刷器开关,见图 4-31。驾驶人按照拨杆上的功能标识,向上或向下拨动雨刷器开关就可以起动刮水器。

(3)危险报警闪光灯

危险报警闪光灯俗称“双闪”,是一种提醒其他车辆与行人注意本车发生了特殊情况的车辆灯光。危险报警闪光灯的按钮如图 4-32 所示。

图 4-32　危险报警闪光灯按钮和图示

安全知识

开车乱用远光灯——造成对向车辆驾驶人瞬间致盲

在夜间驾驶时,驾驶人乱使用远光灯极易引发交通事故。

乱用远光灯的危害主要有:正面会车时可导致对向车辆驾驶人瞬间致盲,影响其判断迎面车辆的速度和距离,极易产生误判,导致错误操作。

由远光灯导致的瞬间致盲,最快也需要持续 2 秒左右才能消失,在这 2 秒的时间里,驾驶人如同闭眼开车!

乱用远光灯是一种损人不利己的行为,不仅对别人的生命安全不负责,也是对自己极不负责。

正确的做法是:夜间会车应当在距相对方向来车 150 米以外改用近光灯;在窄路、窄桥与非机动车或行人交会时不能使用远光灯;夜间跟车时,不得开启远光灯;夜间超车时,通过交替变换使用远近光灯提醒前方车辆。

3 操作方法

(1)左手:控制转向灯、照明灯光和信号灯光

①旋转前照灯杆,1 挡示廓灯和仪表灯亮, 2 挡前照灯亮。

②拨动前照灯杆,向前为开启远光灯,向后为开启近光灯,前后提拉为变换远近光灯,向上为开启右转向灯,向下为开启左转向灯。

(2)右手:控制雨刷器

操作手柄上提、下拉,选择刮刷模式,

①向上:单步模式、中间—停止。

②向下:1 挡间歇模式、2 挡慢动模式、3 挡快动模式。

③向后拉:喷出清洗液。

(3)右手:危险报警闪光灯

右手食指按下危险报警闪光灯的按钮,车辆左右两侧的转向灯同时闪烁,再次按下危险报警闪光灯按钮,车辆左右两侧的转向灯同时熄灭。

由教练员进行操作演示,重点训练转向灯和夜间灯光的使用。从实操第一节课开始,始终都要强调车辆灯光的重要性,强化学员正确使用车辆灯光和雨刷器的良好习惯。

4 教学重点、难点

(1)在不同的情况下,规范准确使用车辆灯光。

(2)不规范使用车辆灯光的危害性。

5 学员容易出现的问题

(1)操作时低头找开关。

(2)动作呆板或用力过大。

第五章 场地驾驶操作训练

课程目的：掌握基础驾驶、基本车感和和场地考试科目的驾驶操作技能，熟悉场地考试科目的驾驶操作要求。

训练方法：VR智能模拟器设置了基础训练和场地考试科目模拟训练及模拟考试等训练项目，AI智能训练车支持基本车感训练、场地考试科目训练及模拟考试。学员可以先利用VR智能模拟器进行模拟训练，掌握基础驾驶技能，熟悉场地考试科目的驾驶操作要求；然后，利用AI智能训练车进行实车场地驾驶训练，掌握基本车感和场地考试科目的驾驶操作技能。

第一节 基础驾驶操作训练

基础驾驶训练是掌握驾驶技能的第一步，总体采用由易到难、循序渐进的方法。VR 智能模拟器设置了基础训练 1、基础训练 2 和基础训练 3 的训练课程，教练员可以安排学员按顺序完成基础训练课程，掌握基础驾驶操作技能。

一 初级起步

1 教学目标

掌握平稳起步的方法。

2 教学内容

先让学员体会离合踏板接触点位置的高低，该起步方法适用于学员的初级起步训练。初次学习操作时，为便于学员尽快掌握，训练时可先松开手刹起步，由易到难循序渐进。

3 操作方法

(1)辅助训练一

体会离合踏板在接触点位置时,通过踏板上下高度微调,感觉离合接触强弱点的变化及对车辆的影响。

(2)辅助训练二

利用离合踏板起步。单脚只使用离合踏板高低位置起步,熟悉体会离合踏板的操作要领,要求平稳起步。

踩下离合踏板、挂1挡,左脚快抬慢找到离合器摩擦片的接触点(半联动位置)稳住不动,做到车动脚停,待车起步平稳后再慢抬离合踏板。

快抬慢找是在操作离合器踏板前端的自由行程时使用,操作动作先快后慢,在接近离合触点时动作放慢为慢找。

操作技巧

车辆起步的操作方法可谓多种,起动速度的快慢各不相同,要根据路况和具体条件的需要来决定,根据不同路况选择使用不同的起步方法。

驾驶手动挡车辆,如车辆排队依次通行时的跟车,需要半联动控制车辆起步;路况良好又没有任何障碍时,使用"油离(油门及离合)配合"的操作方法起步等。但无论采取何种起步方法,起步时安全平稳是唯一标准。

4 教学重点、难点

对离合踏板接触点的位置强弱点有感觉,抬到接触点时能稳住不动,起步平稳。

教学技巧

教练员应对每课时的每项内容进行操作方法和动作要领的讲解,重点内容亲自操作示范。教练员通过示范让学员了解什么是离合踏板的接触点,切身体会离合在结合时车身与发动机的表现迹象、离合接合的强弱带给车辆的变化。最直观的现象就是发动机转速降低、车头上扬、随即车身抖动。

5 学员容易出现的问题

由于操作不当出现发动机熄火或者车辆闯动。

二 增挡操作

1 教学目标

熟练掌握增挡动作,两脚协调配合,踩抬动作准确。

2 教学内容

增挡之前先提速,及时按顺序增挡,使车辆的行驶速度与发动机的转速处于合理的联动状态。

增挡时,左右脚上下踩、抬同步,当踩、抬脱节时就会产生空油声,相反会使车辆产生后坐现象。

3 操作方法

1 挡起步后,轻踩油门提速,“松抬”油门,摘低挡、挂高挡,增入 2 挡。变换挡位动作连贯、准确,手脚配合协调。

操作技巧

在增挡过程中,教练员应辅导学员感觉车速变化和发动机的声音变化,体会增挡时机。变换挡位时,视线观察前方,避免看转速表增挡和低头看挡操作。

增挡要逐级增挡,先提速后增挡,1 挡的高速是 2 挡的低速,2 挡的高速是 3 挡的低速,以此类推逐级提速增挡。

4 教学重点、难点

左、右脚的踩、抬同步。

5 学员容易出现的问题

(1)操作顺序颠倒,动作生硬、不连贯,经常错挡。

(2)增档操作的同时,方向控制不好,使得车辆有曲线行驶现象。

(3)油门、离合和刹车配合不一致。

三 减挡操作

1 教学目标

(1)掌握减挡前的减速过程。

(2)掌握减挡后车辆平稳行驶的方法。

2 教学内容

在减挡前要有减速过程,然后再进行减挡操作,杜绝只为完成动作而不减速、直接减挡的情况发生。

3 操作方法

减挡之前先减速,轻踩刹车减速,不要急于变换挡位;减至路况所需的速度时再变换挡位。减挡既可逐级减挡,又可越级减挡。

操作技巧

减挡训练时很容易造成不减速就减挡、为完成减挡操作而减挡,因此训练减挡操作时应重点训练减速,同时让学员体会减速减挡的过程。

4 教学重点、难点

减挡前有减速过程,减挡后车辆能平稳行驶。

5 学员容易出现的问题

(1)动作生硬、不连贯,经常错挡。

(2)减挡操作的同时,方向控制不好,使得车辆有曲线行驶现象。

(3)不减速就减挡,油门、离合和刹车配合不一致。

四 直线行驶

1 教学目标

掌握视线观察位置:“看远顾近,兼顾两旁”,保持直线行驶,方向平稳。

2 教学内容

(1)视线的重要性

保证车辆直线行驶,视线观察起着决定性的作用。视线观察位置的远近,应随着车速的增加而前移,观察的距离基于车辆行驶的速度,同速、同距离作参照。

(2)直线行驶时

方向盘的转动量与车辆的行驶速度成反比。车速越快,方向盘转动的角度应越小,转动的速度也要越慢。

(3)方向盘的控制

以左手为主、右手为辅,采用左实右虚的方法。

(4)距离的控制

车辆行驶过程中发现前车制动时,驾驶人应及时采取减速措施,控制车辆行驶速度,与前车保持一定的安全距离。

(5)观察要求

行驶过程中需适时通过内、外后视镜观察后方交通情况。在观察时,视线离开行驶方向不得超过 2 秒。

(6)挡位选择

行驶过程中根据道路情况能正确选择与车速相匹配的挡位。

3 操作方法

在车辆直线行驶时,目视前方,两手轻握方向盘,两肘自然下垂,及时把握修正方向的时机,保持车辆直线行驶,当发现车辆偏移时,根据车速可通过长一点的行驶距离进行修正,不可调整过快。

操作技巧

开车不按直线行驶(俗称“画龙”),怎样解决?

(1)视线。驾驶车辆需要根据道路交通情况和限速要求,适时地调整车速和车辆的行驶位置,做到预见性驾驶。例如:中低速行驶时,视线距离可以用同速同距离的方法,既能观察到前方的路况,又能照顾到车辆的两侧和路边的标志牌。但当车速为100千米/小时以上时,视线应保持100米以上的距离。

(2)提速。使用直线提速的方法能有效地纠正“画龙”现象。首先提示学员视线要看向远方,不能用眼睛瞄车头,然后开始提速。若发现车辆有偏离的现象时,要用长一点的路段距离修正,切不可修正过快或方向转动过大,经过两次这种提速的训练就能有效地解决“画龙”问题。

4 教学重点、难点

(1)学员驾驶视线投向远方,避免只看车头的现象。

(2)把握好修正方向的时机,少量转动方向盘。

5 学员容易出现的问题

(1)学员眼睛不注视前方,看发动机罩。

(2)车辆行驶中,学员频繁地转动方向盘,修正方向。

五 折线路行驶

1 教学目标

培养在一定车速下对车身位置的正确判断能力以及行驶方向控制能力。

2 教学内容

操控车辆以一定的速度通过折线路段。可结合VR智能模拟器基础训练项目进行练习。

3 操作方法

以通过“先左折、再右折”的折线路段为例：

(1)车辆行驶至折线路段，提前降低车速。当驾驶室刚过折线路段的起始位置时，将方向盘向左转动，使车辆与行车道保持平行；

(2)车辆行驶至折线路段的拐点处时，向右回转方向盘；

(3)车辆驾驶室对齐折线路段的拐点处时，将方向盘向右转动，使车辆与行车道保持平行；

(4)车辆左前角与折线路段终点位置对齐时，回正方向盘，驶出折现路段。

4 教学重点、难点

左右转动方向盘的时机及幅度、力度；车身位置的正确判断。

5 学员容易出现的问题

转向时机和幅度把握不好，车辆碰擦道路边缘线。

六 曲线路段行驶

1 教学目标

培养判断车轮行驶轨迹、行驶方向控制能力。

2 教学内容

操控车辆以一定的速度通过曲线路段。可结合 VR 智能模拟器基础训练项目进行练习。

3 操作方法

提前降低车速、使用低速挡行驶，进入弯道后，适时调整方向盘，使右侧车轮尽量靠近道路外侧边线行驶。

车轮进入第一弯道时，将车头右前角压住右边缘线行驶。

进入第二弯道时，将车头左前角压住道路左边缘线行驶，适时调整方向盘，使左侧车轮外侧始终沿道路左边缘线内,从出口处驶出。车辆行至出口时,观察道路交通情况。

4 教学重点、难点

(1)转向时机的把握、方向盘的准确运用。

(2)对车身空间位置、车轮行驶轨迹的判断。

5 学员容易出现的问题

(1)对外侧车轮行驶位置判断不准确。

(2)控制方向时机不佳,转向时机掌握不准确。

第二节 基本车感训练

车感是对所驾驶车辆的性能、运行状态和驾驶环境的综合感知,包括车体尺寸、位置、速度、方向等的感知,是驾驶技能的组成部分。车感的建立是驾驶技能形成的基础。AI 智能训练车设置了基本车感训练课程,教练员可以安排刚开始上车训练的学员先完成基本车感训练,再进行其他项目训练。

一 开关车门上下车

1 教学目标

熟练掌握二次开门法。

2 教学内容

正确的上下车方法。

3 操作方法

(1)上车前

上车前,先查看本侧车门前后方交通情况(图 5-1),确认安全后,左手开车门,开门的幅度能方便进入即可，左手握住车门里把手，右手扶方向盘顶端（12 点位置），右腿跨入车内，坐下后将头和左脚移入车内，左手将车门拉至距门框约 10 厘米时再用力关门。

图 5-1　上车前要查看本侧车门前后方的交通情况

（2）下车前

使用二次开门法下车。下车前先观察内外后视镜，回头观察后方确认安全。近端手握住车门里把手，远端手拉动车门开关，双手将车门开启一条缝，二次观察确认车后方安全后下车，下车后双手轻关车门，见图 5-2。

图 5-2　下车前开车门的操作要领

小提示

别让车门成为"杀人凶器"。开车门是我们上下车时必须的动作，但若有不慎将会惹来大祸，因为一个不经意的"开门上下车"动作，可能会酿成重大的伤亡事故。

4 教学重点、难点

（1）不观察车侧后方情况即下车的潜在危险。

(2)下车前正确的观察方法。

5 学员容易出现的问题

(1)上车动作不协调,身体进入驾驶室时出现动作顺序错误。

(2)下车忘记观察,下车动作出现顺序错误。

二 中级起步

1 教学目标

熟练掌握离合踏板在接触点位置附近时对踏板位置的控制能力,右脚适量轻踩油门,起步平稳。

2 教学内容

起步是将车辆从静止状态起动起来,此时离合踏板高度的一点细微变化都会使车辆的运行状态发生很大变化,控制不当容易导致车辆发生前冲等异动现象。

3 操作方法

踩离合踏板、挂1挡,快抬慢找接触点(半联动位置),稳住不动,慢松手刹的同时轻踩油门,左脚保持不动,做到车动脚停2~3秒,待车辆起步平稳后再慢抬离合踏板。

操作技巧

新学员控制细微动作有一定难度,操作中的"车动脚停"2~3秒,是在车辆起动的初始状态时,控制离合踏板的脚短暂停止不动,利用短暂停止动作的时间,达到平稳起步的目的。

4 教学重点、难点

离合踏板抬到接触点位置时需要短时间稳住不动。

5 学员容易出现的问题

由于操作不当出现发动机熄火或者车辆闯动。

三 快速起步

1 教学目标

熟练掌握离合和油门的协调配合，适当踩油门，达到较快的起动速度。

2 教学内容

快速起步是熟练的驾驶人可以采用的起步方法，动作应快速而准确，能够将车辆从静止状态相对迅速地起动以适应实际驾驶的需要，考验左、右脚相互配合的能力。起步虽快但加油要适当，杜绝猛踩油门起步。

3 操作方法

踩离合、挂1挡，快抬慢找接触点，在慢找接触点的同时慢放手刹、轻踩油门，进行“油离配合”，待左脚抬过接触点后再继续进行提速增挡。

4 教学重点、难点

(1)“油离配合”平稳起步。

(2)杜绝猛踩油门。

5 学员容易出现的问题

由于操作不当出现发动机熄火或者车辆闯动。

四 倒车

1 教学目标

掌握直线倒车的操作方法。

2 教学内容

将车辆开到开阔地带，进行直线倒车、1米和5米前进后退等项目练习。倒车时，合理选取参照物,修正方向。

3 操作方法

(1)注视车后窗倒车时,左手握方向盘上缘,上身向右后转体,下体向右微斜,右手扶住副座椅靠背上端,两眼通过后窗注视后方目标。

(2)注视后视镜倒车时,通过车内外后视镜选择倒车目标,稳住油门,保持车速缓慢平稳。

(3)倒车应保持较低速度,可不踩油门,利用离合的半联动,控制车速慢慢后倒;需要加速或遇到不平的路面,应轻踩油门,保持随时停车控制的车速;当速度过低时,可适量踩离合,避免发动机熄火。

(4)倒车过程中要对准找好的参照物,低速行驶,发现偏差,及时调整方向盘进行修正,方向盘的转动方向与倒车方向一致。

4 教学重点、难点

倒车时安全确认及方向的控制。

5 学员容易出现的问题

倒车时,找不到目标或转反方向盘。

五 半联动操作

1 教学目标

(1)掌握车辆低于1挡怠速以下速度行驶的方法。

(2)掌握既能保持直线低速行驶,又可在转弯时保持匀速的方法,避免车速忽快忽慢的现象。

2 教学内容

半联动:利用离合控制发动机的动力与传动系之间的半结合状态。能够将车速控制在1挡怠速以下,动力仅做部分传递。用于低于1挡怠速以下车速的情况,包括起步、停车、跟车、掉头、特殊路况等一切需要车辆缓慢行驶时的操作。

操作原理

当向左或向右打满方向盘时，前轮与车身之间会形成一个很大的夹角，导致前进阻力增大，车速就会变慢，此时应随着转向的同时，缓慢上抬离合。

当回正车轮时阻力就会减小，车速加快，此时应随着回正方向盘的同时缓慢踏下离合，让车辆始终保持匀速。

3 操作方法

左脚抬至离合接触点位置稳住不动，使车速稳定在低速状态。

通过离合在半联动位置上下轻微变化，感受离合强弱点的变化。

当方向向左或向右打满时，前轮摆出很大的一个角度，阻力增大车速就会变慢，此时应随着转向的同时，缓慢上抬离合。

当回正车轮时阻力就会减小，车速加快，此时应随着回轮的同时缓慢下压离合，始终让车辆保持匀速行驶。

离合在半联动的位置时，只适用于最低挡位短时间内使用。

4 教学重点、难点

(1)1 挡怠速以下车速的控制。

(2)向左或向右打满方向盘时，微量调整离合的方法。

5 学员容易出现的问题

由于操作不当出现发动机熄火。

六 油离配合操作

1 教学目标

掌握左、右脚油离配合方法，换挡时避免车辆异动。

2 教学内容

油门与离合相互间的上下配合。

操作原理

油门与离合配合的作用：消除或减少因变换挡位使车辆行驶不平顺的异动现象，解决挡位与挡位之间的平稳过渡问题，使车辆始终保持平稳状态。“油离配合”是起步、变换挡位时的必备技能。

3 操作方法

无论增减挡，当挂挡完成后，左脚向上快抬慢找接触点，在慢找的同时右脚向下轻踩油门，两脚形成“一上一下”的动作。

4 教学重点、难点

两只脚的上下协调配合。

5 学员容易出现的问题

油离配合不好，在离合未完全松开时，踩油门。

七 增挡时机训练

1 教学目标

掌握增挡时机。

2 教学内容

车辆在行驶过程中的所有操作都有时机。什么时候转动方向、什么时候增挡、什么时候减挡等，都需要掌握好操作控制时机。时机把握的好坏是驾驶技能、控制能力的体现，对安全驾驶同样起着很大的影响。

在讲解操作的时机时，要让学员感受车速变化、车速与挡位的关系、车速与挡位不相符时对车辆有什么样的影响，着重强调先提速后增挡。

增挡时机：加速时汽车的速度随着发动机的声音变大而逐渐加快时，即是增挡时机。

3 操作方法

1挡起步后，先提速，迅速"踩抬"，摘低挡、挂高挡，进行增挡操作，增挡后车辆无抖动和后坐现象，即表明增挡时机适宜。

当增挡完成后，若在左脚离开离合时，车辆产生后坐现象，说明车速高、挡位低，增挡操作比适宜的增挡时机滞后（提速过高）。

当增挡完成后，若在左脚离开离合时，车辆产生拖挡现象，这说明车速低、挡位高，增挡操作比适宜的增挡时机提前（提速不足）。

4 教学重点、难点

增挡时机的把握。

5 学员容易出现的问题

增挡时，加速不充分，出现拖挡现象。

八 减挡时机训练

1 教学目标

掌握减挡时机。

2 教学内容

当车辆减速至所需要的速度时，将挡位挂入与车速相符的挡位，即是减挡时机。

减挡时机分为以下两种。

（1）以保持车辆动力为目的的减挡。如上坡时阻力加大车速降低，发动机逐渐显现动力不足，原挡位不能继续使用，迅速减一级或越级减挡，减挡前不用踩刹车，直接踩离合进行减挡操作，这是一种被动的减挡。

（2）以控制车速为目的的减挡。如车辆直线高速行驶至转弯前，需踩刹车减速，车速降至所需的速度时再减挡，这是一种主动的减挡。

3 操作方法

轻踩刹车减速，离合踩到底，变换挡位。

对减挡操作时机是否合适的判断：

（1）减挡后车辆无抖动和无后坐现象，即为减挡时机适宜。

（2）如果减挡前出现拖挡现象，说明离合踩下时机过晚，减挡操作过晚。

（3）如果减挡后出现拖挡现象，说明车速低、挡位高，减挡操作过早。

4 教学重点、难点

减挡时机的把握。

5 学员容易出现的问题

减挡时机的把握不好，出现拖挡现象。

九 减速

1 教学目标

掌握能将车速适时降低的方法，平稳减速。

2 教学内容

车辆减速训练是体会车辆减速过程的训练，是提高学员主动控制车速能力的重要训练手段。根据路况逐渐降低车辆的行驶速度，让训练更接近实际道路驾驶的需要。

在训练中教练员要根据路况，在确保安全的前提下进行训练。

3 操作方法

1挡起步后逐级增挡，提高车速，根据路况保持原挡位逐渐平稳减速，再平稳提速，如此反复训练。

还可以配合减挡进行训练。直线行驶提速增挡，转弯前松油门并踩刹车减速减挡（减至2挡或1挡），用平稳的车速转弯，过弯后回正方向盘时再次提速增挡。

教学技巧

减速与制动力度训练是学员学车过程中的重点。学员应学习在不同车速情况下的减速或停车，感知不同车速时不同制动力度对车辆速度的影响，体会在不同距离内的平稳减速或停车。

4 教学重点、难点

控制减速过程，体会制动力度，提高控车能力。

5 学员容易出现的问题

刹车时，长时间踩离合。

十 制动力度

1 教学目标

(1)掌握在不同车速下刹车、减速的方法。

(2)掌握不同距离的停车方法。

2 教学内容

刹车力度训练是使用不同的车速和距离减速或停车。应本着“先刹后离”的原则，杜绝先踩离合后踩刹车的错误行为。减速训练是通过踩刹车使车辆速度降低，适时踏下离合再变换挡位，反复训练体会减速过程。

3 操作方法

刹车力度训练，本着“先刹后离”的原则，坚决杜绝先踩离合后踩刹车的错误行为。

(1)减速减挡训练

减速是将车辆提速后，踩刹车减速，适时踩下离合再变换挡位，反复体会减速过程。

(2)减速停车训练

起步后迅速逐级增至高挡位将车速提高，再使用不同的停车距离减速停车，体会刹车力度。

4 教学重点、难点

通过训练学员在不同车速条件下使用不同的刹车力度减速，使其体会从减速到停车的过程，加深对车辆刹车性能的了解。

操作技巧

在整个学车过程中，制动力度的训练起着至关重要的作用，学员对车辆的操控能力，尤其是刹车能力还不足，所以不敢提速或提速后动作慌乱，因此在停车训练中多让学员体会刹车力度，训练在不同车速和不同刹车距离的情况下减速停车。重点辅导学员反复体会刹车力度，掌握减速的过程和停车方法，通过此训练能有效地提高控车能力。

5 学员容易出现的问题

刹车时，长时间踩离合。

十一 变速行驶

1 教学目标

(1)掌握车辆在行驶中快与慢的变化。

(2)掌握使用油门、刹车时的力度。

2 教学内容

变速行驶训练是提高学员主动控制车速能力的一个重要训练手段，通过指导学员控制车辆的行驶速度，让训练更接近实际道路驾驶的需要。教练员要根据路况，在确保安全的前提下开展训练。

3 操作方法

1 挡起步后提速并逐级增挡，将车速提高后再松油门并踩刹车减速或减挡，如此反复训练。

直线行驶提高车速，将挡位增至高挡，转弯前松油门并踩刹车减速降挡至 2 挡或

1挡,用较低的车速平稳转弯,过弯后再次提速增挡。

4 教学重点、难点

(1)控制车辆提速,松油门或踩刹车减速。

(2)控制油门、刹车的使用力度。

十二 运用离合控制车速

1 教学目标

(1)掌握使用离合控制车速的方法。

(2)掌握“油离配合”操作。

2 教学内容

离合控速:利用离合器接触点和油门位置上下的变化,将车辆控制在一定行驶速度范围内的操作方法。

离合控速是指以离合踏板为主,将车辆速度控制在低速状态下行驶的方法。即可单独使用,称为半联动。也可与油门配合,称为“油离配合”;还可与刹车配合,称为“刹离配合”。

离合控速训练:一是感受离合接触点的位置;二是利用离合踏板与油门的相互配合控制车速。通过反复训练有利于起步、跟车、转弯、掉头的学习。

3 操作方法

(1)单脚操作时,离合踏板快抬慢找接触点位置,起步平稳后慢抬起,再次踏下离合踏板,快抬慢找接触点,如此反复练习。

(2)双脚配合时,将离合踏板抬到接近接触点位置时适度踩油门(油离配合),车速提起后迅速踏下离合踏板,右脚放在刹车上,让车辆利用惯性滑行,待车辆快停时,再次抬起离合踏板至接近触点位置时适度踩油门,如此反复练习。

4 教学重点、难点

(1)寻找离合踏板接触点位置的高低。

(2)左、右脚的相互配合。

十三 各种路口转弯角度

1 教学目标

(1)熟知视线观察的位置。

(2)掌握规范的转向手法,转弯角度准确,车速控制适宜。

2 教学内容

车辆在转弯时要把握好转向时机:入弯时要早转慢转,出弯时要早回慢回。

转弯行驶时,方向盘的操作量与车辆行驶速度成正比:车速快,方向盘操作速度适当加快;车速慢,方向盘操作速度适当放慢。

讲解车辆转弯时产生的“内轮差”的原理,即车辆在转弯时内侧前后轮转弯半径的差距(图5-3),及“左贴右靠”的操作方法。

图5-3 内轮差

在转弯时,要把握好转向时机,过早或过晚都会给转弯带来不便,甚至发生危险或事故。由于受转弯时的车速、转向的早晚、车身位置等因素的制约,很难总结出必须转动方向盘的准确位置。

那么,什么时机转向最合适呢?在进入转弯前,先观察道路的宽度,观察要去的方向时心中自然设定出了转弯路线,随即转动方向。出弯时,视线向前方远处看向新的行驶方向,自然就会转动方向,同时把握“早转慢转、早回慢回”的原则即可。

转弯时,早一点转动方向会使整个转弯过程平稳;若转动方向过晚就得快速转动方向,转向过急容易发生危险。

在训练各路口转弯角度时多练习右转弯,因为左转弯大多是转大弯,右转弯是转小弯,右转弯时驾驶人远离转向内角,车与路肩空间位置感觉加大,给转向时机增加了难度,在训练中应多加强右转弯练习,能够更好地训练转向手法和转弯角度。

3 操作方法

在训练路口转弯时,先要提前降低车速,观察转弯角度,根据弯路的特点,选择合

a) 向左转弯　　b) 向右转弯

图 5-4　转弯标志

适的转弯路线和车速。向左、向右转弯的标志见图 5-4。

遇急弯时，根据车速，方向盘转动要快慢适当。

遇缓弯时，方向盘的转动要“随弯而动”，当车辆接近新的行驶方向时，逐渐回正方向盘，同时把视线及时调整到新的行驶方向上。

在训练转弯角度时，要把握早转慢转的原则。

转弯时，对学员进行视线的辅导，使其掌握由视线引领车辆前行的方法，并能在车辆接近新的行驶方向时把视线及时调整到新的行驶方向上。训练学员充分掌握在转弯过程中“左贴右靠”的方法。

4 教学重点、难点

（1）转弯时做好视线引领车辆，把握好转向时机。

（2）控制好方向盘的操作量，根据需要适度转动方向盘。

5 学员容易出现的问题

转弯时，转动方向盘的幅度不足。

十四 停车

1 教学目标

（1）熟练掌握两种停车方法。

（2）掌握缓抬动作，停车平稳。

2 教学内容

停车，即车辆从运动状态通过减速过程到静止状态，根据车辆运动速度的不同和道路情况的不同，使用的制动力度也不同。

一是训练停车前的减速过程，二是训练停车时车不“点头”、人不前冲，车辆平稳停止。

3 操作方法

(1)轻踩长磨

轻踩刹车减速,长距离减速停车。

在停车训练的初期,由于车速较慢,可采取先将右脚放在刹车上(俗称“备刹车”),离合踏板踩到底,再轻踩刹车停车的方法。待学员基本掌握要领后,再进行“先刹后离”的规范训练。

轻踩刹车减速(找摩擦点),车速逐渐下降(主动降速),少踩刹车长距离减速,在车辆惯性减弱后踏下离合踏板,右脚不动直至停车,在车将要停住时右脚“缓抬”,平稳停车。

(2)轻重轻

轻重轻的目的是为了达到车辆平稳停车的目的,最后的缓抬是在车将要停止的瞬间缓抬刹车,使车辆在停车时车不“点头”、人不前冲。

轻重轻的要领是:开始轻踩、中间加重、最后缓抬,相对短距离的减速停车,也就是车的速度为零,刹车力度接近于零的操作方法。

4 教学重点、难点

(1)平稳减速停车。

(2)停止瞬间的缓抬动作。

教学技巧

停车训练在整个驾驶学习过程中起着至关重要的作用,对于初学者来说往往停车要比行车重要,因为学员对车辆行驶起来后如何停车心里没底,所以不敢加速或动作慌乱。因此在停车训练中,应重点辅导学员掌握“轻踩长磨”和“轻重轻”的操作方法,反复体会刹车力度,掌握停车方法。

5 学员容易出现的问题

由于操作不当,出现发动机熄火、刹车操作过猛出现车辆“点头”现象。

十五 靠边停车

1 教学目标

(1)掌握停车前通过内、外后视镜和回头观察的方法。

(2)掌握停车操作要领和方法。

2 教学内容

靠边停车是将车辆停放在道路右侧的停车方法,停车前应先观察前方交通环境,选择既不妨碍他人,又不影响自己上下车的地点停车。

不得在禁止停车的区域(禁止停车标志、标线分别见图 5-5 和图 5-6)停车,不得将车辆停在距路口 30 米、车站 50 米内的地点。

a) 禁止停车标志

b) 禁止长时停车标志

图 5-5 禁止停车标志

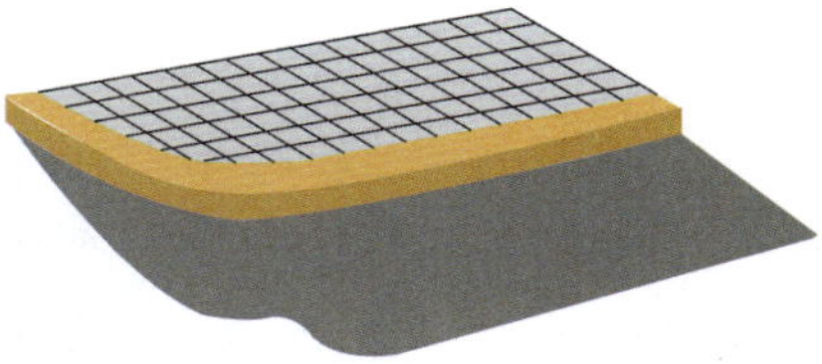
a) 禁止停车线

b) 禁止长时停车线

图 5-6 禁止停车标线

3 操作方法

靠边停车时,首先开启右转向灯,通过内、外后视镜并回头观察后方和右侧交通情况。向右推动方向盘驶向右侧道路边缘,保证车身右侧与右侧道路边缘线平行时平稳停车。

停车后摘空挡、抬离合、拉紧手刹，保持车身距离道路边缘线不大于30厘米。

下车前应回头观察车辆左后方的交通情况，确认安全后方可下车。

下车后，轻关车门。

夜间在路边临时停车时还应关闭前照灯，开启危险报警闪光灯。

4 教学重点、难点

(1)停车前的观察。

(2)停车后车辆与道路边缘线的距离。

5 学员容易出现的问题

(1)停车前，不通过内外后视镜观察右侧交通情况。

(2)拉紧手刹前松刹车。

第三节 场地驾驶科目训练

小型汽车场地驾驶科目包括侧方停车、坡道定点停车和起步、直角转弯、曲线行驶和倒车入库，是驾驶考试的必考科目。VR智能模拟器和AI智能训练车均支持场地科目训练及模拟考试。教练员可以先安排学员利用VR智能模拟器进行模拟训练，熟悉科目的驾驶操作要求；然后，再利用AI智能训练车进行实车场地驾驶训练，掌握科目的驾驶操作技能。学员可以在掌握某一个科目的技能后，进行单项模拟考试，检验单项科目的训练效果；待全部科目完成训练后，可以进行综合模拟考试，检验总体训练效果。

一 侧方停车

1 教学目标

(1)掌握操纵车辆顺向停入道路右侧车位(库)的操作要领和方法。

(2)熟知侧方停车的考试标准。

2 教学内容

通过侧方停车训练让学员掌握将车辆停于道路右侧停车位(库)中的技能,从而满足日后实际驾驶中停车的需要(图5-7)。

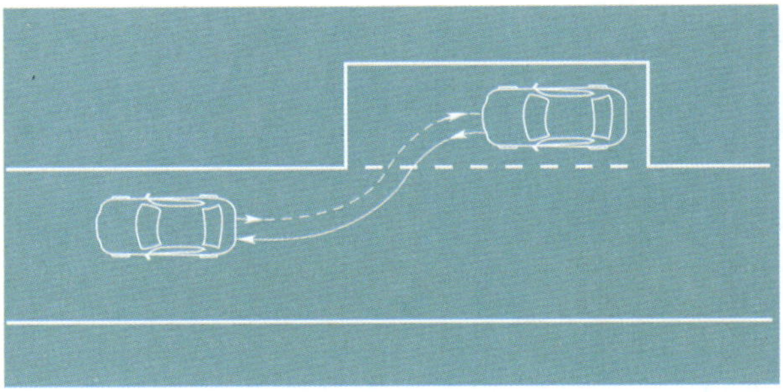

图5-7 侧方停车项目

操作原理

侧方停车为什么要使用倒车入位?

车辆向前行驶时,由前轮进行导向引领车辆行驶的位置,而后轮既不具备转向功能又与前轮有一定的距离,只是随前轮做从动运动,当车辆需要横向移位时,由前轮引领后轮入位,所需使用的距离较长。因此,车辆前行做横向移位时,使用距离长。

车辆反向倒车时,前导向轮变为后置导向,通过后置导向轮调整车身方向,可在相对短距离内改变车身方向,使车辆横向移位。因此车辆倒车做横向移位时,使用的距离短。

故侧方停车使用倒车入位的方式横移。

3 操作方法

该科目调整后视镜角度。(调整横轴的参考方法:将后视镜上沿调整到与后门把手平齐位置。)

(1)进入项目前,保持车身右侧与道路边缘线30~50厘米,当车尾驶过前库位线时停车。

(2)挂倒挡,利用离合控制车速倒车,择机将方向盘向右打满。

(3)观察左后视镜,当右后库角出现在后视镜中时,方向盘回正,继续倒车,观察左后视镜，当左后轮轧左库位线时，方向盘向左打满后，目视前方，车正停车。

(4)出库，开启左转向灯，挂1挡，利用离合控制车速，当前风窗玻璃右下角与车道右边缘线重合时，向右回方向盘，确认安全后驶离项目。出库后关闭转向灯。

侧方停车项目训练方法

一、VR智能模拟器训练

进入场景前，学员先选择教学视频，通过“感”的教学模式了解正确的操作方法。进入场景后，学员可以选择“学”“练”“评”模式：

①通过“学”的教学模式，语音指导学员在侧方停车时，进行车速控制与打回轮时机把握的训练。

②通过“练”的教学模式，学员通过自主训练，能够独立完成侧方停车项目。

③通过“评”的教学模式，对学员的操作过程给予正确客观的评估。

二、AI智能训练车训练

侧方停车主要包括进入项目、倒入库位、驶出库位三个小项目。学员利用AI智能训练车训练时，点击科目演示图标——“侧方停车”图标，系统进入教学视频播放页面，屏幕上会播放相应的动画，详细讲解该小项目正确的练习方式。

在练习项目前，学员可以观看视频教学，记住操作要领，见图5-8。初期练习时，学员可根据语音教学指导进行操作练习，见图5-9。当完成一次项目练习后，学员可以观看自己的练车轨迹，总结存在的错误操作，确定训练的重点。

图5-8　侧方停车视频教学界面

图 5-9　侧方停车场景界面

在练习过程中，学员可以根据自己的熟练程度点击“大虾”或“老鸟”图标，在这两种模式下练习时的提示音相对较少。如果学员已经掌握侧方停车项目技能，可以选择“单项模拟考试”来检验科目练习效果。

4 教学重点、难点

（1）半联动控制平稳。

（2）把握转动方向盘和回转方向盘的时机。

（3）车速与轮速的控制。

侧方停车项目设置与专项评判标准

侧方停车项目教学演示视频

5 学员容易出现的问题

（1）车速控制不稳定，解决方法：训练学员利用离合半联动的操作来控制车速。

（2）回正方向盘的时机选择不准确，进库后车身出线。解决方法：训练学员稳定地控制车速和训练学员采用正确的驾驶姿势。

二 坡道定点停车和起步

1 教学目标

(1)掌握坡道定点停车和起步的要领和方法。

(2)熟知坡道定点停车和起步的考试标准。

2 教学内容

(1)坡道定点停车

训练学员在上坡时,能在指定地点停车的能力以及能够正确使用挡位和离合踏板控制车速的能力,通过训练以适应实际上坡路段的停车和起步(图5-10)。

(2)坡道起步

训练学员掌握离合踏板的操作要领、感受离合踏板高度在接触点位置高低给车辆带来的变化,领会踩油门的力度和松手刹的时机。

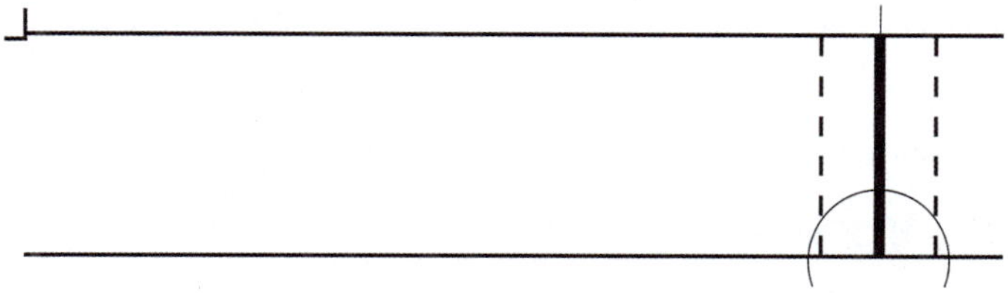

图5-10 坡道定点停车和起步项目

3 操作方法

(1)上坡路定点停车

通过观察坡路的长短,选择减挡的时机,使用1挡上坡。保持右侧车身距路边缘线不大于30厘米,上坡时使用离合控制车速,当车辆前保险杠垂直于桩杆线时停车。

停车方法主要有以下两种:

①方法一:当左后视镜下沿行至桩杆线位置时停车。(根据学员身高条件不同适当调整停车的参照点,因人而异)

②方法二:观察仪表台右上角与标志杆成一线时停车。(此方法要求每次停车

时，右侧车身距路边缘线都应保持一致，因人而异）

(2)坡路起步

左脚抬至离合接触点位置（车辆有振动感）稳住不动，右脚轻踩油门（根据坡度的大小决定踩油门的力度）稳住不动，松驻车制动器操纵杆时两脚保持不动，待车平稳起步后再慢抬离合踏板、轻踩油门至坡顶，当车头下沉时可顺势增至2挡，利用2挡的牵制作用缓慢下坡。

要领：两脚不动松手刹。即左脚抬至触点后不动，右脚适度踩油门后保持不动，慢松手刹。

坡道定点停车和起步项目训练方法

一、VR智能模拟器训练

进入场景前，学员先选择教学视频，通过“感”的教学模式了解正确的操作方法。进入场景后，学员可以选择“学”“练”“评”模式：

①通过“学”的教学模式，语音指导学员在上坡时进行车速控制、停车位置的准确性及坡道起步的正确操作方法的训练。

②通过“练”的教学模式，学员通过自主训练，能够独立完成坡道定点停车和起步项目。

③通过“评”的教学模式，对学员的操作过程给予正确客观的评估。

二、AI智能训练车训练

坡道定点停车和起步项目包括定点停车、坡道起步两个小项目。学员利用AI智能训练车训练时，点击科目演示图标——“坡道起步”图标，系统进入教学视频播放页面，屏幕上会播放相应的动画，详细讲解该小项目正确的练习方式。

在练习项目前，学员可以观看视频教学，记住操作要领，见图5-11。初期练习时，学员可根据语音教学指导进行操作练习，见图5-12。当完成一次项目练习后，学员可以观看自己的练车轨迹，总结存在的错误操作，确定训练的重点。

在练习过程中，学员可以根据自己的熟练程度点击“大虾”或“老鸟”图标，在这两种模式下练习时的提示音相对较少。如果学员已经掌握坡道定点停车和起步项目技能，可以选择“单项模拟考试”来检验科目练习效果。

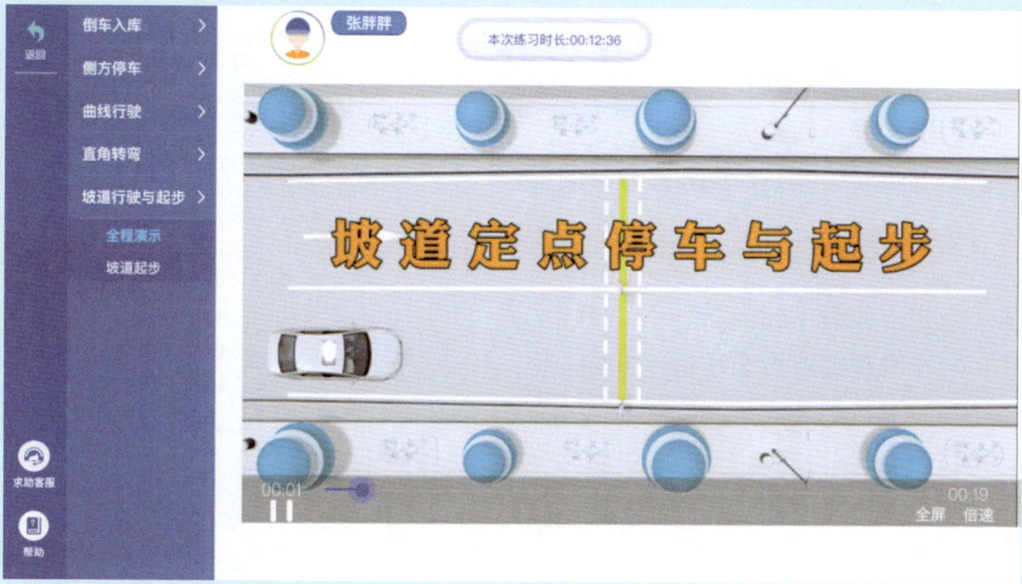

图 5-11　坡道定点停车与起步视频教学界面

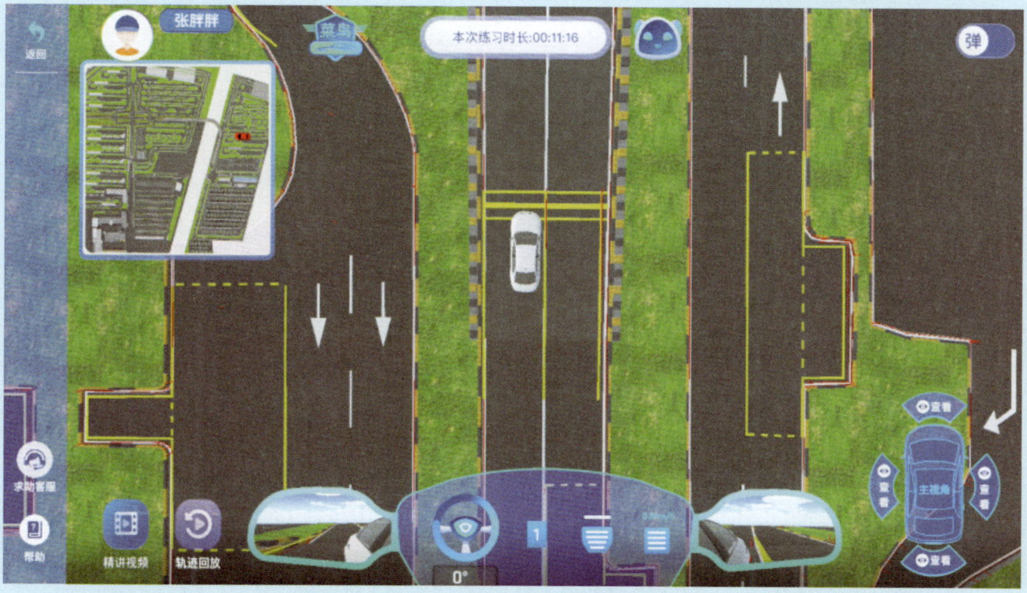

图 5-12　坡道定点停车与起步场景界面

4 教学重点、难点

(1)控制车辆上坡时与道路右侧的距离。

(2)准确停车的方法。

(3)起步时,制动、挡位和离合器的配合。

坡道定点停车与起步项目设置与专项评判标准

坡道定点停车和起步项目教学演示视频

5 学员容易出现的问题

(1)定点停车不到位。

(2)车身距离路边缘线超过 30cm。

(3)发动机熄火或车辆后溜。

(4)手刹、挡位和离合配合不当。

三 直角转弯

1 教学目标

掌握直角转弯的要领和方法。

2 教学内容

训练学员在急弯路段迅速调整方向、对车辆内外轮差距进行正确判断以及对转弯角度的控制能力(图 5-13)。

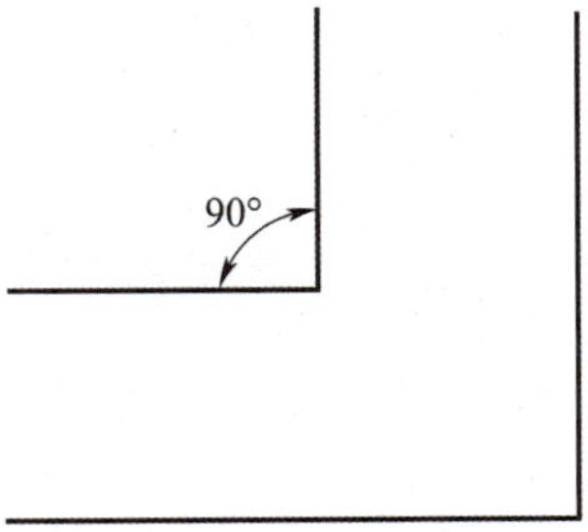

图 5-13　直角转弯项目

训练中充分体现和运用"左贴右靠"的方法。

3 操作方法

进入项目前开启左转向灯,减至 1 挡。使车身与道路边缘线保持 30 厘米的距离为宜。

当车头覆盖边缘线时,向左(右)打轮(根据每个学员的条件不同而确定转向时机),转弯后关闭转向灯,回正方向盘,驶离项目。

直角转弯项目训练方法

一、VR 智能模拟器训练

进入场景前,学员先选择教学视频,通过"感"的教学模式了解正确的操作方

法。进入场景后,学员可以选择“学”“练”“评”模式:

①通过“学”的教学模式,通过语音提示学员自主训练,掌握急弯,打回及回轮时机的把握,控制正确的行驶轨迹。

②通过“练”的教学模式,学员通过自主训练,能够独立完成直角转弯项目。

③通过“评”的教学模式,对学员的操作过程给予正确客观的评估。

二、AI智能训练车训练

直角转弯项目是左转弯接直行,包括驶入项目和驶出项目两个小项目。学员利用AI智能训练车训练时,点击科目演示图标——“直角转弯”图标,系统进入教学视频播放页面,屏幕上会播放相应的动画,详细讲解该小项目正确的练习方式。

在练习项目前,学员可以观看视频教学,记住操作要领,见图5-14。初期练习时,学员可根据语音教学指导进行操作练习,见图5-15。当完成一次项目练习后,学员可以观看自己的练车轨迹,总结存在的错误操作,确定训练的重点。

图5-14　直角转弯视频教学界面

在练习过程中,学员可以根据自己的熟练程度点击“大虾”或“老鸟”图标,在这两种模式下练习时的提示音相对较少。如果学员已经掌握直角转弯项目技能,可以选择“单项模拟考试”来检验科目练习效果。

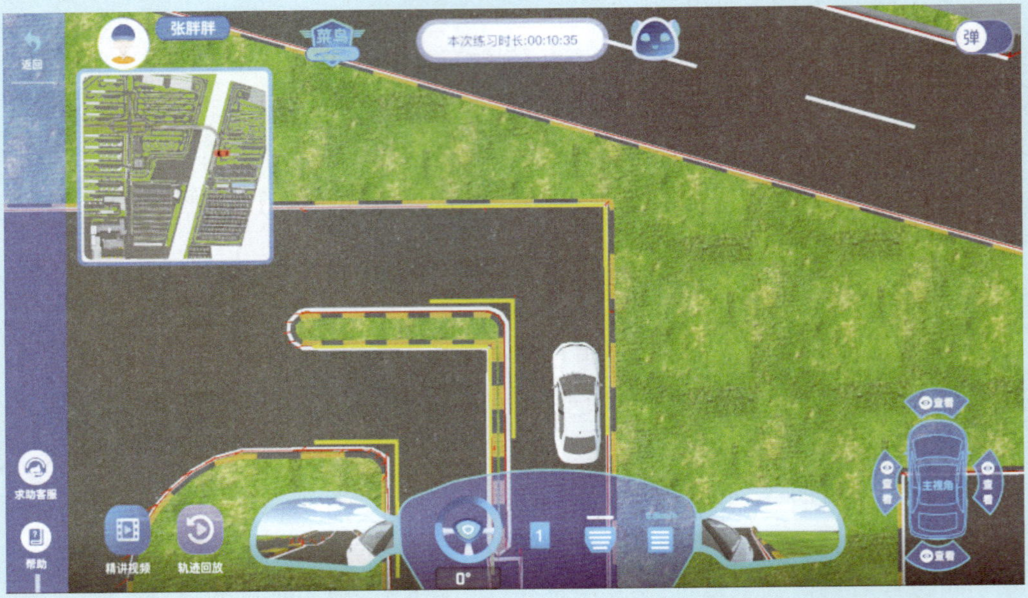

图 5-15　直角转弯场景界面

4 教学重点、难点

(1)进入直角弯路区域前控制车身与右侧道路边缘线之间的距离。

(2)把握好转向时机。

直角转弯项目设置与专项评判标准

直角转弯项目教学演示视频

5 学员容易出现的问题

对车轮位置和行驶轨迹判断不当以及对方向盘操作不当,致使车轮轧右边缘线或轧突出点。

四 曲线行驶

1 教学目标

掌握曲线行驶的要领和方法。

2 教学内容

曲线行驶是针对车轮运行轨迹和方向控制能力的训练。通过训练,能有效地提高转向的熟练程度(图 5-16)。

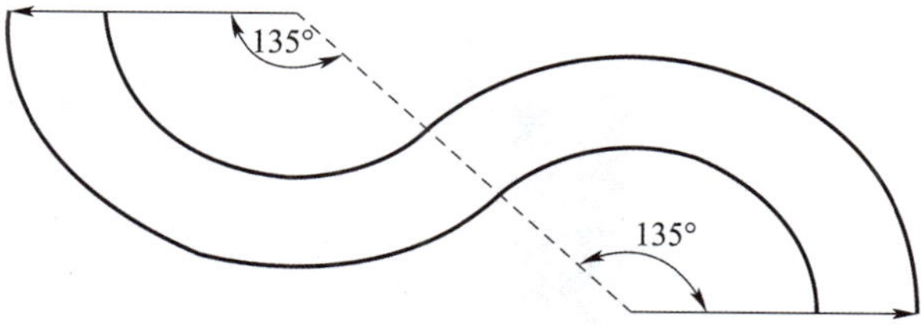

图 5-16 曲线行驶项目

3 操作方法

进入项目前,观察入口的宽度,将车辆靠向道路一侧。

曲线道路行驶中运用“左贴右靠”的方法,用足转弯半径,做到车轮不轧道路边缘线。

当曲线道路改变方向时,转向的动作要迅速而适量,修正方向时要及时少量。

车辆行至出口时,观察道路交通情况。

曲线行驶项目训练方法

一、VR 智能模拟器训练

进入场景前,学员先选择教学视频,通过“感”的教学模式了解正确的操作方法。进入场景后,学员可以选择“学”“练”“评”模式:

①通过“学”的教学模式,语音指导学员转弯过程当中,进行视线的观察和打回轮时机的把握训练,并能合理控制车速。

②通过“练”的教学模式,学员自主训练,能够独立完成曲线行驶项目。

③通过“评”的教学模式,对学员的操作过程给予正确客观的评估。

二、AI 智能训练车训练

曲线行驶项目是右转弯接左转弯,包括驶入项目和驶出项目两个小项目。学员利用 AI 智能训练车训练时,点击科目演示图标——“曲线行驶”图标,系统进入教学视频播放页面,屏幕上会播放相应的动画,详细讲解该小项目正确的练习方式。

在练习项目前，学员可以观看视频教学，记住操作要领，见图5-17。初期练习时，学员可根据语音教学指导进行操作练习，见图5-18。当完成一次项目练习后，学员可以观看自己的练车轨迹，总结存在的错误操作，确定训练的重点。

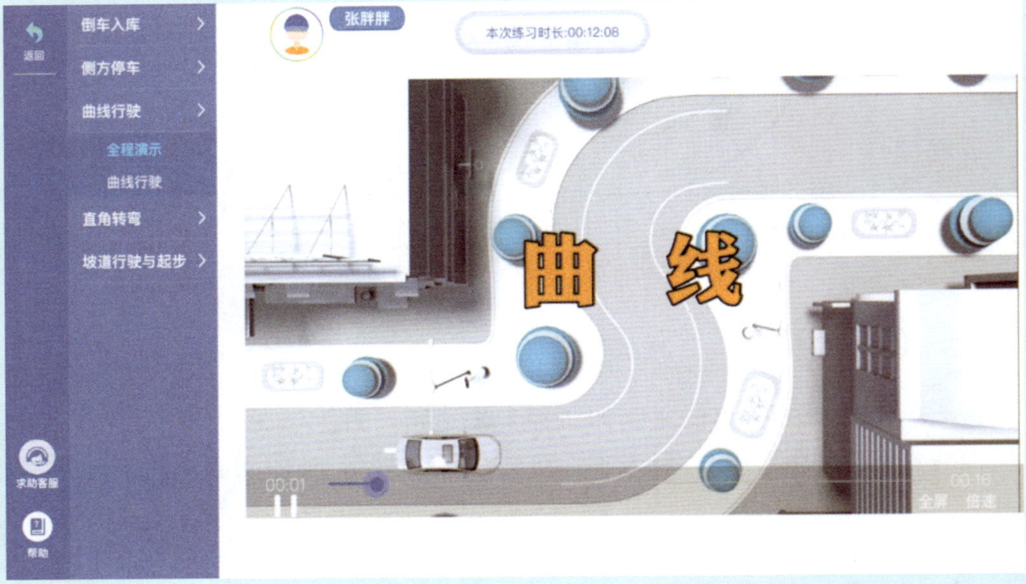

图5-17　曲线行驶视频教学界面

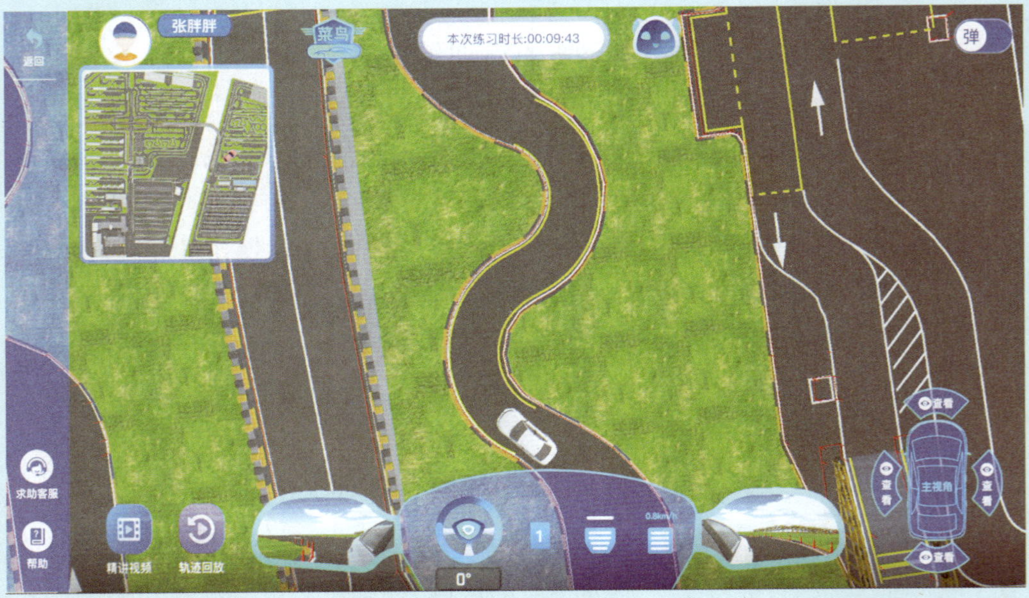

图5-18　曲线行驶场景界面

在练习过程中，学员可以根据自己的熟练程度点击“大虾”或“老鸟”图标，在这两种模式下练习时的提示音相对较少。如果学员已经掌握曲线行驶项目技能，可以选择“单项模拟考试”来检验科目练习效果。

4 教学重点、难点

（1）曲线行驶时的视线在前观察引领。

（2）“左贴右靠”的方法。

曲线行驶项目设置与专项评判标准

曲线行驶项目教学演示视频

5 学员容易出现的问题

（1）对外侧车轮行驶位置判断不准确。

（2）控制方向时机不佳，转向时机掌握不准确。

（3）后轮轧第二个半弧的内边线。

五 倒车入库（先右后左）

1 教学目标

掌握倒车入库的要领和方法，解决实际生活中在纵向停车位停车的需求。

2 教学内容

综合训练学员掌握离合踏板控制车速、把握转向时机、培养方向感等，提升学员在倒车时的整体空间感（图 5-19）。

3 操作方法

（1）调整后视镜角度

该科目训练时，应调整车辆后视镜角度：

纵轴：显示 1/2 车身。

横轴：将后视镜上沿调整到与后门把手平齐。后视镜调整要求相对固定。

控制车速，中途不停车。

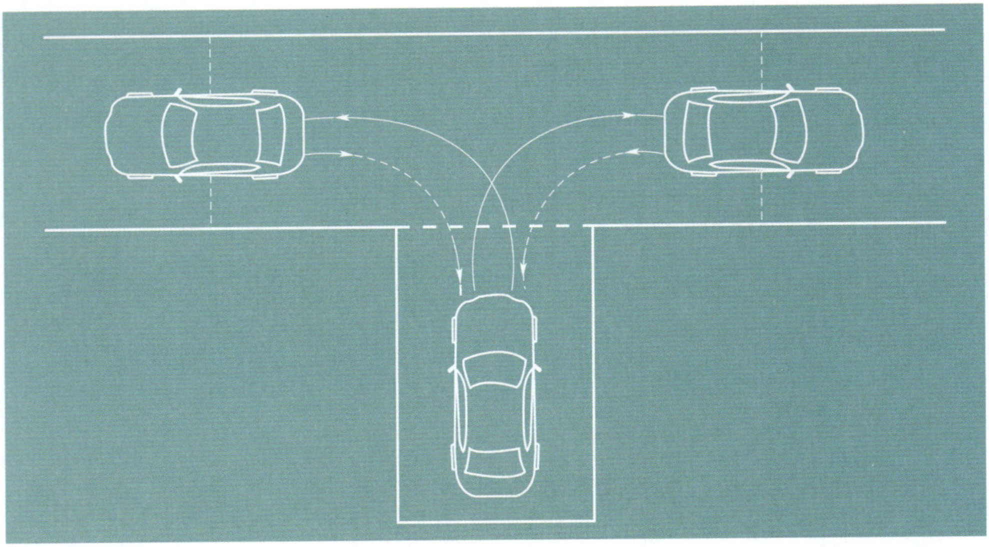

图 5-19　倒车入库项目

(2)项目开始

车辆从左侧控制线进入项目区域,车身与左侧车道线保持适当的距离,当两前轮触地点均轧过控制线时,停车。

(3)右倒库

①挂倒挡开始倒车,观察到左侧后视镜下沿与控制线重合时(因人而异),向右打满方向盘。

②倒车途中观察右侧后视镜,当车身与库位右前角的距离小于 30 厘米时,回正方向盘。

③观察右后视镜,当库位右前角在镜中将要消失时,向右打满方向盘。

④观察左后视镜,当库位左后角在镜中出现时,回正方向盘。

⑤观察两侧后视镜,根据车身与库位后角距离的变化,进行调整。

⑥观察到左后视镜下沿与库门线重合时停车。

(4)出库

挂 1 挡前行,当车头与车道线重合,向左打满方向盘,车正轮正,两前轮触地点均轧过控制线时停车。

(5)左倒库

①挂倒挡开始倒车,观察到左侧后视镜下沿与控制线重合时,向左打满方

向盘。

②观察左侧后视镜，当车身与库位左前角的距离小于30cm时，回正方向盘。

③观察左侧后视镜，当库位左前角在镜中将要消失时，向左打满方向盘。

④观察右侧后视镜，当库位右后角在镜中出现时，回正方向盘。

⑤观察两侧后视镜，根据车身与库位后角距离的变化，进行调整。

⑥观察到左后视镜下沿与库门线重合时停车。

（6）项目结束

挂1挡前行，当车头与车道线重合时，向右打满方向盘，车正轮正，车辆从右侧控制线驶出项目区域，本项目结束。

倒车入库项目训练方法

一、VR智能模拟器训练

进入场景前，学员先选择教学视频，通过“感”的教学模式了解正确的操作方法。进入场景后，学员可以选择“学”“练”“评”模式：

①通过“学”的教学模式，语音指导学员学习倒车过程中，进行对车速控制、视线的观察、打回轮时机的把握及入库停车位置的训练。

②通过“练”的教学模式，学员通过自主训练，能够独立完成倒车入库项目。

③通过“评”的教学模式，对学员的操作过程给予正确客观的评估。

二、AI智能训练车训练

倒车入库项目包括进入项目、右倒库、左出库、左倒库、右出库五个小项目。学员利用AI智能训练车训练时，点击科目演示图标——“倒车入库”图标，系统进入教学视频播放页面，屏幕上会播放相应的动画，详细讲解该小项目正确的练习方式。

在练习项目前，学员可以观看视频教学，记住操作要领，见图5-20。初期练习时，学员可根据语音教学指导进行操作练习，见图5-21。当完成一次项目练习后，学员可以观看自己的练车轨迹，总结存在的错误操作，确定训练的重点。

在练习过程中，学员可以根据自己的熟练程度点击“大虾”或“老鸟”图标，在这两种模式下练习时的提示音相对较少。如果学员已经掌握曲线行驶项目技能，可以选择“单项模拟考试”来检验科目练习效果。

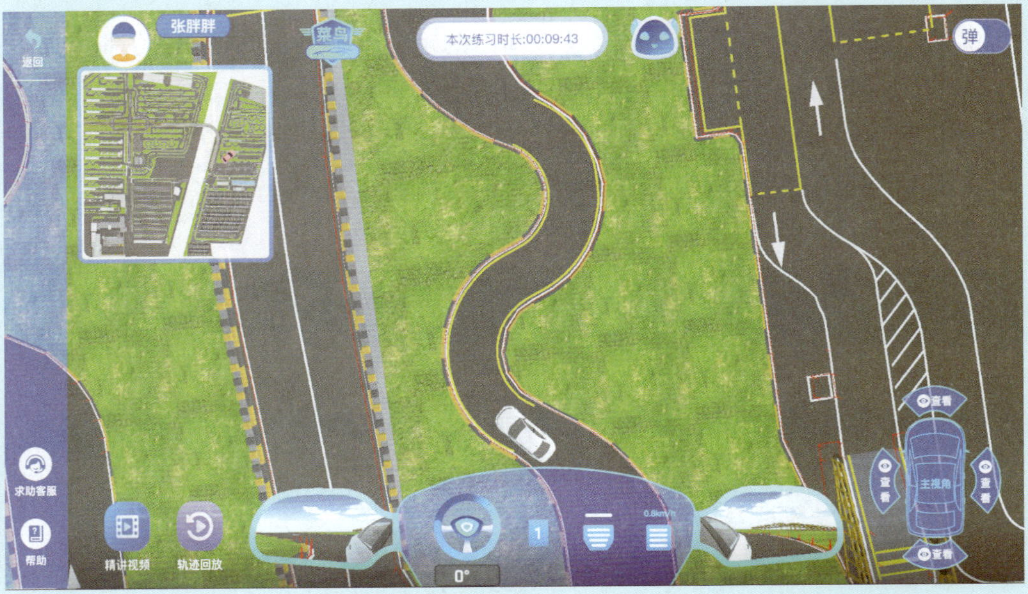

图 5-20　倒库入库视频教学界面

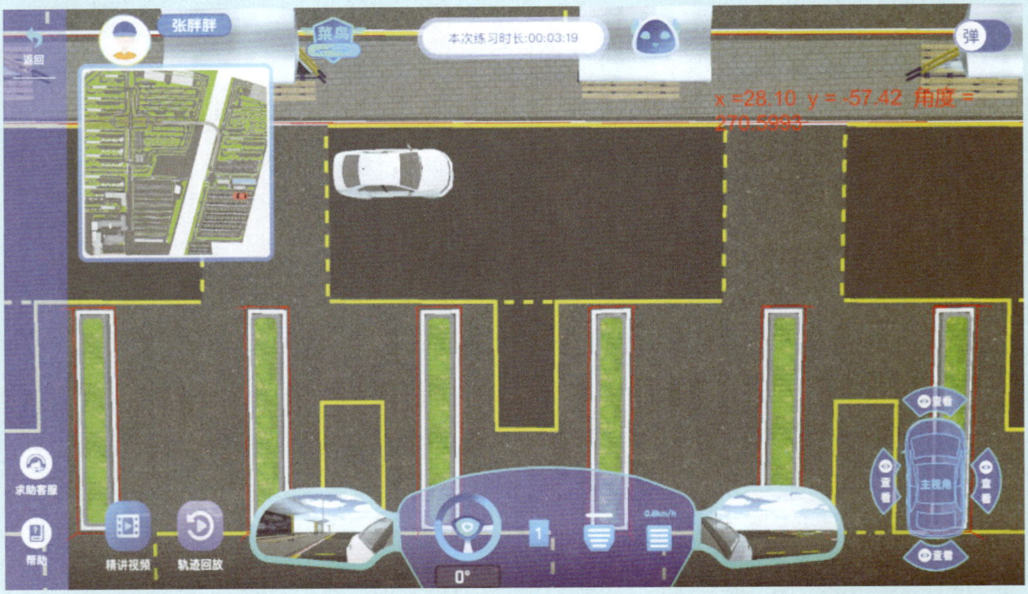

图 5-21　倒车入库场景界面

4 教学重点、难点

(1)车辆倒车入库时,使用的参照物根据学员自身条件有所不同。

(2)当车辆入库时,如车身与库位左右后角距离有误,进行方向调整。

(3)控制车速,把握转向时机、调整车身位置。

倒车入库项目设置与专项评判标准

倒车入库项目教学演示视频

5 学员容易出现的问题

(1)车速控制不稳定。解决方法:训练学员利用离合半联动的操作来控制车速。

(2)回正方向盘的时机选择不准确。解决方法:训练学员稳定地控制车速和训练学员采用正确的驾驶姿势。

(3)车身与目标找不准确。

(4)不能相对固定目标,每次位置都有变化。

第六章 道路驾驶操作训练和基本素养

课程目的：了解和掌握安全文明驾驶常识，详解科目三道路驾驶技能考试的教学项目和理论知识，帮助学员掌握实际道路驾驶技能，同时提高安全文明驾驶意识。

训练方法：VR智能模拟器设置了科目三考试科目模拟训练及模拟考试等训练项目。学员可以先利用VR智能模拟器进行模拟训练，掌握道路驾驶技能，熟悉道路驾驶考试科目的驾驶操作要求；然后，利用实车道路驾驶训练，掌握科目三道路考试科目的驾驶操作技能。

第一节 基本驾驶操作训练

一 上车准备

1 教学目标

掌握上车前对车辆进行安全检查的方法、操作步骤和内容，使驾驶人养成上车前对车辆进行安全检查的良好习惯。

2 教学内容

初次上车对车辆概况简介：教练员要对学员介绍发动机、电瓶、水箱的位置和作用。讲解如何使用机油标尺检查机油液面高度，怎样检查水箱水位和添加防冻液。

介绍车辆前后示廓灯、转向灯、前照灯、刹车灯的位置及用途，以及备胎、灭火器、警告标志存放位置。

每次上车前，要求学员环视车辆及周边环境，掌握正确的上、下车方法，以确保车辆起步安全。

安全知识

车辆行驶前需要仔细检查内容如下：

(1)雨刷器和洗涤器：打开发动机舱盖，观察洗涤液储液罐液面高度，需要添加时，注意防止杂质混入。

(2)电瓶：观察电解液的液面高度，液面过低时，应加注电解液；若是免维护电瓶，应通过观察孔观察，需要时要更换电瓶。

(3)冷却液：观察冷却液储液罐液面高度，要在上限（MAX）和下限（MIN）之间，低于下限需要添加时，应根据所处环境使用相应的冷却液。

(4)车辆灯光装置：查看所有车辆灯光装置的外观和工作情况，有脏污及时清洗，有损坏及时更换。

(5)轮胎：检查轮胎（包括备胎）气压和轮胎侧面的磨损标记，轮胎气压不足时要及时充气，轮胎标记处的花纹深度磨损至低于1.6毫米时，要立即更换轮胎。

(6)刹车液：观察刹车液储液罐的液面高度要在上限（MAX）和下限（MIN）之间，制动液明显减少时，检查液压管路是否有渗漏，排除故障后才能补充刹车液。

(7)后视镜：检查左右后视镜镜面玻璃板有无破裂，如有，应及时更换。

3 操作方法

学员上车前，从车头左前方逆时针绕车一周，检查前后牌照、轮胎气压、车底有无漏水漏油的情况、有无妨碍起步的障碍物以及路面情况。回到驾驶位车门处时，观察车辆后方交通情况，再次确认安全后打开车门上车。

(1)发动机舱内检查

先将发动机舱盖打开，教练员逐一介绍发动机、电瓶、水箱等部件的位置和作用，并要求指导学员检查发动机机油液面高度。机油标尺上标有上下标志线，正常液面位置应在上下标志线1/2偏上。将车辆停放在平整路面，在起动前或熄火半小时以后，将机油标尺拔出，擦拭后再次插入拔出，查看标尺液面位置，如液面接近下标志线时应及时补充机油，见图6-1。同时还要检查发动机冷却液及车窗玻璃清洗液的液面高度，不足时及时补充。

(2)车身外观检查

学员从车头左前方逆时针绕车一周后，回到左前车门。检查内容包括：

①车牌是否有污损、遮挡；

②车辆灯光是否完好；

③轮胎气压是否正常；

④车身有无划伤及车底有无漏水漏油的现象等。

重点检查车辆四周，无影响安全起步的隐患后方可上车，见图6-2。

图6-1　发动机舱内的检查项目

图6-2　逆时针绕车一周排除安全隐患

4 专项评判标准

(1)未逆时针绕车一周检查车辆外观及周围环境或在检查中未发现存在的安全隐患的，不合格。

(2)打开车门前不观察后方交通情况的，不合格。

5 教学重点、难点

(1)了解上车前安全检查的重要性。

(2)上车前检查的内容和方法。

6 学员容易出现的问题

打开车门前不观察后方交通情况。

二 模拟夜间灯光使用

1 教学目标

掌握灯光的使用方法和夜间驾驶规律，正确变换灯光和使用信号装置，能够在夜间道路安全行车。

2 教学内容

夜间驾驶时灯光的正确使用方法。

3 操作方法

(1)跟车

起步前，先开启车辆近光灯，看清道路及周边情况，确认安全后再起步。

在有路灯、照明条件良好的道路上行驶或车速低于 30 千米/小时，应使用近光灯。在没有路灯或照明条件差的道路上行驶，车速高于 30 千米/小时，应使用远光灯。

夜间同方向近距离跟车行驶，使用近光灯，并保持较大的安全车距。随时注意观察前车信号灯的变化，随时做好减速或停车的准备。

夜间行驶速度应控制在遇到紧急情况刹车时，车辆能在前照灯的照射范围内安全减速停车。

在路侧临时停车时，应拉紧手刹，关闭前照灯，开启危险报警闪光灯，同时开启示廓灯。

(2)会车

在没有路灯或照明条件差的道路上会车，应距对向来车 150 米之外，与对向车辆配合变换远近光灯；距对向来车 150 米时，互相关闭远光灯，改用近光灯。

在照明条件好的道路上会车，应提前关闭远光灯，改用近光灯。

遇对向来车不关闭远光灯时，应继续变换远、近光灯示意；对向车辆仍不改用近光灯，不要直视对向来车的灯光，应及时减速或停车让路。

(3)超车

在照明条件好的路段超车时，提前开启左转向灯，逐渐向左变更车道，并变换远近光灯提醒被超车辆。

确认被超车辆让车后,开启近光灯,加速超越。

超越后,在不影响被超车辆行驶的前提下,开启右转向灯逐渐驶回原行驶车道。

(4)通过交叉路口

通过视线较差的交叉路口时,距路口 150 米以外,进行远近光变换,示意左右来往的车辆和行人,低速通过。

路口转弯时,距路口 30~100 米关闭远光灯,开启近光灯,同时开启转向灯示意,进入路口前应降低车速,不断变换远近光灯,安全通过。

通过城市交叉路口时,提前选择行驶车道,距交叉路口 100 米,关闭近光灯,按交通信号灯的提示通过或等候。

遇信号灯解除黄灯闪烁时,减速慢行或停车瞭望,并变换远近光灯提醒来往车辆和行人。

(5)通过急转弯

通过较急的弯路,距转弯 150 米处,交替使用远近光灯示意。

转弯时,应关闭远光灯,开启近光灯低速靠右侧行驶,并随时做好停车准备。

通过连续弯道时,持续使用远近光灯示意,将视线注视到弯道尽头,适时调整行驶方向,确保安全。

(6)通过坡、拱桥

上坡行驶,提前加速冲坡,交替使用远近光灯示意,提醒对象来车和行人注意。

车辆驶近坡顶时,要合理的控制车速,将远光灯变换为近光灯,以防对向来车眩目造成车辆失控。

下坡行驶,开启远光灯,以增大视线范围。

(7)通过人行横道

通过人行横道前,距路口 100 米减速慢行,交替使用远近光灯示意。

通过人行横道时,降低车速,使用近光灯,注意提防黑暗中的非机动车和行人,谨慎驾驶车辆。

4 专项评判标准

(1)不能正确开启灯光的,不合格。

(2)同方向近距离跟车行驶时,使用远光灯的,不合格。

(3)通过急弯、坡路、拱桥、人行横道或者没有交通信号灯控制的路口时,不交替使用远近光灯示意的,不合格。

(4)会车时不按规定使用近光灯的,不合格。

(5)通过路口时使用远光灯的,不合格。

(6)超车时未交替使用远近光灯提醒被超越车辆的,不合格。

(7)在有路灯、照明良好的道路上行驶时,使用远光灯的,不合格。

(8)在路边临时停车不关闭前照灯或不开启示廓灯的,不合格。

(9)进入无照明、照明不良的道路行驶时不使用远光灯的,扣5分。

5 教学重点、难点

正确使用灯光和信号装置。

教学技巧

危险报警闪光灯使用模拟练习方法

VR智能模拟器设置“双闪”功能,支持车辆危险报警闪光灯的使用模拟练习。双闪功能的使用方法如下:

①开启方法:使用语音命令“打开双闪”或点击PC界面的“双闪”功能按钮后,打开双闪。PC端界面的下方出现左、右转向灯同时闪烁,学员佩戴VR头显的,在VR眼镜中的仪表盘位置出现左、右转向灯同时闪烁,见图6-3。

图6-3 双闪使用界面

②关闭方法:使用语音命令“关闭双闪”或点击PC界面的“双闪”功能按钮后,关闭双闪。

6 学员易出现的问题

(1)不按规定使用灯光。

(2)超车不变换使用远近光灯。

(3)会车使用远光灯。

(4)近距离跟车行驶,仍然使用远光灯。

三 起步

1 教学目标

熟练掌握安全平稳起步的操作步骤和方法。

2 教学内容

起步前的车辆检查与调整;观察车辆侧面和后方的交通情况;确认安全后,平稳起步。

3 操作方法

(1)起步前,检查车门是否完全关闭,调整座椅、内外后视镜,系好安全带,检查手刹处于拉紧状态、挡位置于空挡位置,起动发动机,检查仪表无异常情况;

(2)开启转向灯,观察内、外后视镜,向左回头观察后方交通情况,挂 1 挡,松手刹,起步。

(3)起步过程应平稳、无闯动、无后溜,不熄火。

4 专项评判标准

(1)车门未完全关闭起步的,不合格。

(2)起步前,未观察内、外后视镜,或未回头观察后方交通情况的,不合格。

(3)起动发动机时,挡位未置于空挡(驻车挡)的,不合格。

(4)不松手刹起步,未及时纠正的,不合格。

(5)不松手刹起步,但能及时纠正的,扣 10 分。

(6)发动机起动后,不及时松开起动开关的,扣 10 分。

(7)具备起步条件但超过 10s 未起步的,扣 10 分;

(8)道路交通情况复杂时起步不能合理使用喇叭的,扣 5 分。

(9)起步时车辆发生闯动的,扣 5 分。

(10)起步时,加速踏板控制不当,致使发动机转速过高的,扣 5 分。

(11)起动发动机前,不检查调整驾驶座椅、后视镜的,扣 5 分。

(12)起步前,不检查仪表的,扣 5 分。

5 教学重点、难点

(1)正确调整座椅、头枕、后视镜位置的方法。

(2)周边交通情况的观察。

6 学员容易出现的问题

(1)不调整驾驶座椅、后视镜、检查仪表。

(2)起步前,不通过后视镜并向左方侧头,观察左、后方交通情况。

第二节 一般驾驶操作训练

一 直线行驶

1 教学目标

针对道路和交通状况,掌握直线行驶的方法,并掌握安全跟车距离和等待时的安全停车距离。

2 教学内容

培养学员预见性驾驶意识和能力,同时检验学员操控车辆的能力和熟练程度。

在车辆行驶中,做好行驶方向、行驶速度和安全距离的控制。

在停车时要与前车保持 3 米的安全距离。这样做既是为了他人安全也是为了己车方便。例如:在前车故障时,后车可方便驶离原车道。

3 操作方法

(1)周边情况的观察

两手轻松握稳方向盘,两眼目视前方,余光照顾近处。

行驶过程中,在确保正常安全行驶的前提下,一般不超过20秒观察一次后方交通情况。在观察情况时,视线离开行驶方向的时间不应超过2秒。

(2)行驶方向的控制

及时修正方向盘,保持车辆沿与车道分界线平行的直线行驶,修正方向盘做到少转少回,预转预回。

转动方向盘时,以左手为主,右手为辅(随动或滑动),控制好方向盘的自由行程。

(3)行驶速度的控制

根据道路交通情况和限速标志合理控制车速,正确使用挡位。常用的控制车速方法有:利用发动机制动作用控制车速,利用制动器控制车速,利用离合半联动控制车速。

(4)安全距离的控制

跟车行驶,注意观察前车的动态,根据前车行驶状态来决定自己车辆的行驶速度,保持足够的安全距离,随时做好减速的准备。遇前车刹车时,及时采取减速措施;跟车行驶始终与前车保持足以采取紧急制动措施的安全距离。

行车中发现路面障碍物,需要使用刹车减速时,根据车速、距离适量踩刹车,做到快而稳,使车辆迅速而又平稳地实现减速,避免急减速或紧急刹车;同时,要时刻考虑出现突然情况,做好随时停车的准备。

停车时,通过车头能看见前车后轮与地面连接处时,停车间距大致为2.5~3米(图6-4)。

4 专项评判标准

(1)方向控制不稳,不能保持车辆直线运行的,不合格。

(2)遇前车制动时不及时采取减速措施的,不合格。

(3)不适时通过内、外后视镜观察后方交通情况的,扣10分。

(4)未及时发现路面障碍物或发现路面障碍物未及时采取减速措施的,扣10分。

a) 车内视角

b) 间距

图 6-4　停车距离

5 教学重点、难点

正确判断与前车的距离，行驶中控制方向、速度和安全距离。

使用离合控制车辆低速行驶。

6 学员易出现的问题

(1) 握方向盘的力度过大、驾驶视野过近，不能保持车辆直线行驶。

(2) 遇前车刹车时，不能及时采取减速措施。

(3) 发现路面障碍物过晚，采取减速措施不及时。

二 加减挡位操作

1 教学目标

熟练掌握加减挡动作，两脚协调配合，踩抬动作准确。

2 教学内容

增挡之前先提速，及时按顺序增挡，使车辆的行驶速度与发动机的转速处于合理的联动状态。

增挡时，左右脚上下踩抬同步，当踩抬脱节时就会产生空油声，相反会使车辆产生后坐现象。

减挡前要有减速过程，然后再进行减挡操作，杜绝只为完成动作而不减速直接减挡的情况发生。

3 操作方法

根据路况和车速合理加减挡，换挡及时、平顺。

1 挡起步后，轻踩油门提速，“踩抬”踏板、摘低挡、挂高挡(可增入 2 挡)，变换挡位动作连贯、准确，手脚配合协调。

减挡之前先减速，轻踩刹车减速，不要急于变换挡位，减至路况所需的速度时再变换挡位。减挡既可逐级减挡，又可越级减挡。

操作技巧

在增挡过程中，教练员应辅导学员，感觉车速变化和发动机的声音变化，体会增挡时机。变换挡位时，视线观察前方，避免看转速表增挡和低头看挡操作。增挡要逐级增挡，先提速后增挡，1 挡的高速是 2 挡的低速，2 挡的高速是 3 挡的低速，以此类推逐级提速增挡。

4 专项评判标准

(1)行驶中越级加挡的，不合格；

(2)行驶中未加至次高挡及以上的，不合格；

(3)车辆运行速度和挡位不匹配的，扣 10 分；

(4)行驶中在次高挡位及以上行驶时间不足 5 秒的，扣 10 分。

5 教学重点、难点

左、右脚的踩抬同步。

6 学员容易出现的问题

(1)操作顺序颠倒、动作生硬，不连贯，经常错挡。

(2)加、减档操作的同时，方向控制不好，使得车辆有曲线行驶现象。

(3)油门、离合、刹车配合不一致。

(4)离合踏板未踩到底、挡位选择不准确，换挡时“响挡”。

三 变更车道

1 教学目标

(1)掌握变更车道前的观察方法。

(2)掌握车速控制、并线时机和变更角度。

2 教学内容

在车道与界限为实虚线的路段,实线一侧的车辆严禁越实线变更车道。

变更车道时,不得长时间压线行驶。不得连续变更2条以上的车道,严禁突然变更车道。至少要提前3秒开启转向灯再变更车道。

培养提前观察的意识。变更车道时,注意平行的车辆。

变更车道时,避免急转转向盘驶入相邻车道,防止与突然出现的车辆发生刮擦。

变更车道是起步、行车、路口转弯、靠边停车等过程中将车辆并入相邻车道的操作。每变更一次车道都有一定的安全隐患,操作不当很容易造成交通事故,因此要严格遵循"一打(灯)二看(后视镜)三并线"的原则。

安全知识

借道绕过前方障碍物时,应提前变更车道,临近时突然变更车道很危险。

发现有对向来车已经接近障碍物时,应及时降低速度靠边行驶或停车,让对向来车优先通过。不得加速提前抢行或鸣喇叭示意对向车辆让道,更不得迅速占用车道,迫使对向来车停车让道。

在车流量大的路段尽量不要变更车道,确需变更车道时,提早开启转向灯,通过后视镜观察变更车道一侧行驶车辆的情况。确认尾随车辆减速时,缓慢向变更车道一侧转向,随时注意尾随车辆的动态,做好减速或驶回原车道的准备。

3 操作方法

变更车道前,通过内、外后视镜观察并回头观察相邻车道上车辆的行驶状况,选择变更时机。

提前3秒开启转向灯，二次观察相邻车道车辆行驶动态，并回头观察左侧（或右侧）相邻车道上车辆的行驶动态。

正确判断车辆间的安全距离，控制行驶速度，保持与相邻车道行驶的车辆速度相近，具备变更车道的条件后转动方向盘，在不影响其他车辆正常行驶的情况下，将车辆变更到相邻车道，见图6-5。变更车道完毕，及时关闭转向灯。

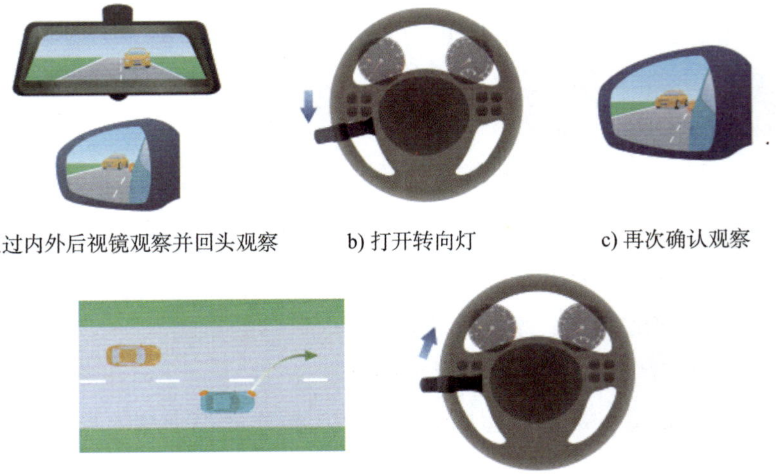

a) 通过内外后视镜观察并回头观察　b) 打开转向灯　c) 再次确认观察

d) 向左变更车道　e) 关闭转向灯

图6-5　变更车道过程

4 专项评判标准

（1）变更车道前，未通过内、外后视镜观察并向变更车道方向回头观察后方道路交通情况的，不合格。

（2）变更车道时，判断车辆安全距离不合理，妨碍其他车辆正常行驶的，不合格。

（3）变更车道时，控制行驶速度不合理，妨碍其他车辆正常行驶的，不合格。

5 教学重点、难点

（1）通过察看后视镜和回头认真观察相邻车道车辆的行驶动态。

（2）变更车道时车辆的并入角度。

6 学员容易出现的问题

（1）变更车道前，不观察内外后视镜。

(2)观察不全面,操作不正确,妨碍其他车辆正常行驶。

四 靠边停车

1 教学目标

掌握靠边停车的方法,能按要求在路边安全停车。

2 教学内容

(1)选择平坦、坚实、视线良好且不妨碍交通又无禁止停车标志的路段,选择好停车地点,安全平稳靠边停车。

(2)在城市街道上临时停车,按指定的位置停放,不得在道路两侧并列或逆向停放。

(3)夜间或遇风、雨、雪、雾天在路边临时停车的,关闭前照灯,开启危险报警闪光灯。

(4)下车后应关好车门,不得远离车辆,妨碍交通时应迅速离开。

(5)与其他车辆临近停车时,靠道路右侧依次停放,并保持适当的纵向间距,不得与其他车辆并排停放;在前后无干扰的条件下,停车后不应再次移动车辆。

3 操作方法

(1)提前开启右转向灯,通过内、外后视镜观察后方和右侧交通情况,并回头观察确认安全后减速,使车辆靠向道路右侧,平稳停车。

(2)停车时,车身不得超过道路右侧边缘线或者人行道边缘,车身距离道路右侧边缘线或者人行横道边缘不得大于30厘米。

(3)停车后,关闭转向灯,挂空挡或驻车挡(适用于自动挡汽车),拉紧手刹,松刹车,将发动机熄火。

(4)侧头观察侧后方和左侧交通情况,确认安全后,缓慢打开车门,下车后轻关车门。

4 专项评判标准

(1)停车前,未通过内、外后视镜观察后方和右侧交通情况并回头观察确认安全的,不合格。

(2)考试员发出靠边停车指令后,未能在规定的距离内停车的,不合格。

(3)停车后,车身超过道路右侧边缘线或者人行道边缘的,不合格。

(4)需要下车的,在打开车门前不回头观察左后方交通情况的,不合格。

(5)下车后不关闭车门的,不合格。

(6)停车后,车身距离道路右侧边缘线或者人行道边缘超出 50 厘米的,不合格。

(7)停车后,车身距离道路右侧边缘线或者人行道边缘超出 30 厘米,未超出 50 厘米的,扣 10 分。

(8)停车后,未拉紧手刹的,扣 10 分。

(9)拉紧手刹前松刹车的,扣 10 分。

(10)在前后无干扰条件下停车后,再次挪动车辆的,每次扣 10 分;

(11)下车前不将发动机熄火的,扣 5 分。

5 教学重点、难点

靠边停车位置的选择。

6 学员易出现的问题

(1)停车前不通过内、外后视镜观察右侧交通情况。

(2)开门前不侧头观察侧后方和左侧交通情况。

(3)停车后,车身距离道路右侧边缘线大于 30 厘米。

(4)拉紧手刹前松刹车。

五 会车

1 教学目标

掌握与其他车辆、行人或者非机动车保持足够横向安全距离的方法。

2 教学内容

正确选择会车地点,并根据路况控制车速,能够对车体位置和横向安全间距做出判断，避免紧急转向避让对向来车。当会车有危险时，控制车速，提前避让或调整会车地点。会车让行标志和会车先行标志如图 6-6 所示。

a) 会车让行标志

b) 会车先行标志

图 6-6 会车让行和会车先行标志

安全知识

使用远光灯会造成对向车辆的驾驶人"眩目"，易发生交通事故。故夜间会车应当在距对向来车 150 米以外改用近光灯，在窄路、窄桥与非机动车会车时应当使用近光灯。

在有障碍路段会车时，注意合理控制车速，及时将车速降到安全速度以下，并尽量避开在障碍物处会车。有障碍物一侧道路的车辆应当减速或停车，让对向车辆先行通过，会车后再超越障碍。对向车辆已加速强行超越或开启转向灯示意占道行驶时，应立即靠边减速或停车让行。

在狭窄坡道上会车时，下坡车应让上坡车先行；下坡车已行至中途而上坡车还未上坡时，下坡车先行；在狭窄的山路上会车，不靠山体一方的车辆先行。

会车有困难时，有让路条件一方应主动让对方先行，如果前方有较宽的路段，先到达道路宽阔处的车辆主动停车让行。

3 操作方法

在会车时应根据实际道路情况减速观察，适度靠右行驶，合理选择会车地点，把握好横向距离。

在有划分道路中心线的路段（图 6-7）会车时，在各自的行车道内行驶，不得越过中心线。

在没有中心隔离设施或者没有中心线但能同时通行的路段（图 6-8）会车时，应提前控制车速减速靠右行驶，并与其他车辆、行人或者非机动车保持必要的横向安全距离。当会车困难时，应做到减速礼让或停车让行。

图 6-7　有划分道路中心线的路段会车

图 6-8　没有划分道路中心线的路段会车

在无法同时通行或同时通行有危险的路段上时，应按以下要求提前避让：

①在有障碍的路段，无障碍的一方先行，但有障碍的一方已驶入障碍路段而无障碍的一方未驶入时有障碍的一方先行。

②在狭窄的坡路，上坡的一方先行，但下坡的一方已行至中途而上坡的一方未上坡时下坡的一方先行。

③在狭窄的山路，不靠山体的一方先行。

4 专项评判标准

(1)在没有中心隔离设施或者中心线的道路上会车时，不减速靠右行驶，或未与其他车辆、行人、非机动车保持安全距离的，不合格。

(2)会车困难时不让行的,不合格。

(3)横向安全间距判断差,紧急转向避让对方来车的,不合格。

5 教学重点、难点

(1)正确选择会车地点。

(2)会车时两车的横向安全距离。

6 学员容易出现的问题

(1)与其他车辆和行人未保持安全间距。

(2)横向安全间距判断差。

(3)选择会车地点不正确。

六 超车

1 教学目标

(1)掌握超车的时机。

(2)掌握超车时灯光的正确使用方法。

(3)掌握判断与被超车辆横向间距的方法。

2 教学内容

超车指在同一车行道行驶的车辆,后车从左侧超越前车的过程。超车分为两种情况:一是在双向单车道的道路上行驶,在不违反道路标线的情况下借对向车道超越前车;二是在同一方向有多车道的道路上行驶,后车通过变更车道超越前车。

超车时应从被超车辆的左侧超越,严禁从右侧超车。每次超车都存在一定的风险。安全超车的重点在于观察、判断、车速控制、超车时机选择等,必须准确无误地完成超车全过程。

超车与让超车训练的目的是体验超车的全过程,学会超车时灯光的正确使用方法,感受车与车的纵向距离和横向距离。此外,在超车前要注意有无禁止超车标志(图6-9)。

a) 禁止超车标志

b) 解除禁止超车标志

图 6-9　禁止超车和解除禁止超车标志

安全知识

以下情况禁止超车：

①设有禁止超车标志的区域。

②左侧标线为实线的车道。

③前车正在左转弯、掉头、超车的。

④与对面来车有会车可能的。

⑤前车为执行紧急任务的警车、消防车、救护车、工程救险车的。

⑥行经铁路道口、交叉路口、窄桥、弯道、陡坡、隧道、人行横道等路段，没有超车条件时。

3 操作方法

超车前，与前车保持一定的安全跟车距离，不可过近或过远；通过内外后视镜以及回头的方式观察左侧和后方的交通情况，选择合理时机。

确认安全后，开启左转向灯，变换使用远近光灯或者鸣喇叭提示（禁止鸣喇叭的区域除外），向前车和周边车辆发出超车信号，从前车的左侧超越。

超越前车过程中，注意观察被超越车辆的动态，发出超车信号示意被超车辆，与被超车辆保持横向安全距离，加速超越。若前车不让行，则放弃超车驶回原车道。

超越前车后，开启右转向灯，通过察看内外后视镜以及回头观察了解后方交通情况，确认安全后，在不影响被超越车辆正常行驶的情况下驶回原车道，关闭转向灯，完成超车。

严禁超车后立即转向驶回原车道。

作为被超车辆，当发现后车发出超车信号时，若道路条件具备让超条件应及时让行，必要时减速靠右行驶让后车超越。

4 专项评判标准

(1)超车前,不通过内、外后视镜观察后方和左侧交通情况并回头观察确认安全的,不合格。

(2)超车时机选择不合理,影响其他车辆正常行驶的,不合格。

(3)超车时,未观察被超越车辆动态的,不合格。

(4)超车时,未与被超越车辆保持安全距离的,不合格。

(5)超车后,驶回原车道前,不通过内、外后视镜观察后方和右侧交通情况并回头观察确认安全的,不合格。

(6)在没有中心线或同方向只有一条行车道的道路上从右侧超车的,不合格。

(7)超车时,未根据被超越车辆速度和道路限速选择合理行驶速度的,不合格。

(8)当后车发出超车信号时,具备让超车条件不减速靠右让行的,扣10分。

5 教学重点、难点

(1)超车前的观察及时机的把握。

(2)保持横向安全距离。

(3)驶回原车道的时机。

6 学员容易出现的问题

(1)超车前不通过后视镜观察交通情况。

(2)超车时影响其他车辆正常行驶。

(3)超车时不能与被超车辆保持安全距离。

(4)超车后急转方向盘驶回原车道。

七 掉头

1 教学目标

掌握掉头的原理和正确的掉头方法。

2 教学内容

掉头是指车辆在道路上行驶过程中改变车辆的行驶方向,使之朝着相反方向行驶的过程。

(1)在设有隔离设施的路口掉头

在设有隔离设施的路口掉头,应提前开启转向灯,变更到掉头车道,减速减挡完成掉头。

(2)在无隔离设施允许掉头的路段掉头

在无隔离设施允许掉头的路段,应正确选择掉头地点和方式,将车速控制在最低行驶速度或停车观察道路交通情况,确认在不妨碍其他车辆正常行驶的情况下,开启转向灯完成掉头。

安全知识

机动车在有禁止掉头或者禁止左转弯标志、标线的地点以及在铁路道口、人行横道、桥梁、急弯、陡坡、隧道或容易发生危险的路段不得掉头。

3 操作方法

在驶入掉头车道前,提前开启左转向灯,减速或停车观察路口交通环境(图 6-10),使用离合踏板控制车速,在不影响即将驶入的车道内正常行驶车辆安全的情况下,迅速完成掉头。

a) 允许掉头标志　　b) 禁止掉头标志　　c) 禁止掉头标线

图 6-10　允许掉头和禁止掉头标志标线

在无隔离设施且允许掉头的路段掉头时,提前开启左转向灯,观察前、后交通情况,选择合适的掉头地点,确认安全后减速或停车,在保证安全的条件下,运用左贴右靠的方法完成掉头。掉头时,不妨碍其他车辆和行人的正常通行。

4 专项评判标准

(1)不能正确观察交通情况选择掉头时机的,不合格。

(2)掉头地点选择不当的,不合格。

(3)掉头前未开启左转向灯的,不合格。

(4)掉头时,妨碍正常行驶的其他车辆和行人通行的,扣10分。

5 教学重点、难点

(1)正确选择掉头地点。

(2)车速的控制。

(3)控制好车辆前后可利用的空间距离完成掉头。

6 学员容易出现的问题

(1)掉头前不通过内外后视镜观察右侧交通情况。

(2)掉头地点选择不当,妨碍正常行驶的其他车辆和行人通行。

第三节 复杂路段驾驶操作训练

一 通过路口(直行通过路口、路口左转弯、路口右转弯)

1 教学目标

(1)掌握正确选择车道的方法。

(2)掌握通过路口时正确的观察方法。

(3)掌握正确使用转向灯的方法。

2 教学内容

交叉路口分为有交通信号灯控制和无交通信号灯控制路口两种。

(1)有交通信号灯控制交叉路口

在设有多条车道的道路和交叉路口,通常设置有分向行驶车道及其标志。驶入有导向车道的路口,提前观察导向标志或路面导向箭头,进入实线区前,按导向箭头根据选择的行驶路线变更车道。分向行驶车道标志和公交线路专用车道标志如图6-11所示。

a) 分向行驶车道标志

b) 公交线路专用车道标志

图 6-11　车道标志

通过有交通信号灯控制的交叉路口时，提前减速观察，正确使用转向灯，按所需行进方向驶入对应的导向车道，并对信号灯的变化做出判断，见图 6-12。遇放行信号时依次通过，遇停止信号时依次停在停止线以外。

①直行通过路口：观察道路两侧交通情况，确认安全直行通过。

②路口右转：既要观察前方交通情况，又要通过内外后视镜和回头观察后方交通情况，提前将车辆驶入右转导向车道，遇有优先通行车辆或行人时，应主动让行，确认安全后右转。

③路口左转：既要观察前方交通情况，又要通过内外后视镜和回头观察后方交通情况，提前将车辆驶入左转导向车道（或在左转弯待转区等待），按规定靠路口中心内侧左转。

（2）无交通信号灯控制交叉路口

通过无交通信号灯控制的交叉路口时，教练员应辅导学员充分减速以便观察路口交通情况，对路口的车辆行驶动态做出判断，按规定避让优先通行的车辆，确保安全通过（图 6-13）。

图 6-12　通过有交通信号灯控制的交叉路口

图 6-13　通过无交通信号灯控制的交叉路口

在进入路口前停车瞭望，让右方道路的来车先行；转弯的机动车让直行的车辆、行人先行；相对方向行驶的右转弯机动车让左转弯车辆先行；准备进入环形路口的让已在路口内的机动车先行。

通过复杂路口或存在视线盲区的路口时，应充分减速、仔细观察，必要时停车观察，保持随时可以停下来的车速谨慎驾驶，按规定避让行人和优先通行的车辆。确认安全后，低速缓慢通过。

安全知识

转弯时特别注意视野盲区，避让非机动车和行人。按规定避让行人和优先通行的车辆。文明驾驶，不争道抢行，不妨碍其他车辆正常行驶。

3 操作方法

合理观察交通情况，减速或停车瞭望，根据车辆行驶方向选择相关车道，正确使用转向灯，根据不同路口采取正确的操作方法，安全通过路口。

直行通过路口前，减速观察，选择正确的导向车道；通过时，观察左、右方交通情况，安全通过。

左转弯通过路口前，进入左转弯车道，开启左转向灯，减速观察路口交通情况，同时通过内、外后视镜和回头观察后方交通情况，靠路口中心内侧转弯。转弯时注意防范车辆左、右两侧盲区内的行人和非机动车。

右转弯通过路口前，进入右转弯车道或靠道路右侧行驶，开启右转向灯，减速观察路口交通情况，并通过内、外后视镜和回头观察右侧、后方交通情况（图6-14），特别注意右侧盲区和避让右侧非机动车和行人，确认安全后靠路右侧转弯。

图6-14　右转弯通过路口

在训练中要严格遵守交通信号灯、交通标志标线的规定，按规定避让行人和优先通行的车辆，不争道抢行，不妨碍其他车辆正常行驶。

在车行道减少的路口、路段，遇有前方车辆排队等候或者缓慢行驶时，应当每车道一辆依次交替驶入路口、路段。

遇有前方交叉路口交通阻塞时，应依次停在路口以外等候，不应进入路口。遇有前方机动车停车排队等候或者缓慢行驶时，应依次排队，不应从前方车辆两侧穿插或者超越行驶，不应在人行横道、网状线区域内停车等候。

4 专项评判标准

(1)不按规定减速或停车瞭望的，不合格。

(2)不观察左、右方交通情况的，转弯通过路口时未观察侧前方交通情况的，不合格。

(3)不主动避让优先通行的车辆、行人、非机动车的，不合格。

(4)遇有路口交通阻塞时进入路口，将车辆停在路口内等候的，不合格。

(5)左转通过路口时，未靠路口中心点左侧转弯的，扣 10 分。

5 教学重点、难点

(1)进入路口前充分观察。

(2)选择正确的导向车道。

(3)转弯时的让行。

6 学员容易出现的问题

(1)直行通过路口不观察左右方交通情况。

(2)转弯通过路口时，未通过内外后视镜观察侧、后方交通情况。

(3)不按规定避让行人和优先通行的车辆。

二 通过人行横道线

1 教学目标

(1)掌握人行横道前减速观察的方法。

(2)熟知遇行人通过人行横道时停车让行的原则。

2 教学内容

机动车行经人行横道时，应当减速行驶；遇行人正在通过人行横道时，应当停车让行，见图 6-15。机动车行经没有人行横道的路段，遇有行人横穿道路时应主动停车避让。

图 6-15　人行横道让行

观察到路侧和路面有人行横道预告标志或标线时(图 6-16)应减速,同时观察前方人行横道两侧交通情况,遇有行人通过人行横道时应提前减速、停车让行,不得停在人行横道线上。

a) 人行横道预告标线　　b) 注意行人标志

图 6-16　人行横道预告标志标线

安全知识

在人行横道前观察两侧交通状况,提前减速,必要时停车让行。礼让斑马线不仅是法律要求,更是我国汽车文明的体现。

3 操作方法

驾驶机动车行经人行横道前,应提前减速,车速减至 30 千米/小时以下通过,观察两侧道路情况。

遇有行人正在通过人行横道时,应停车让行,不得停在人行横道线上。

4 专项评判标准

(1)不按规定减速慢行的,不合格。

(2)不观察左、右方交通情况的,不合格。

(3)未停车礼让行人的,不合格。

5 教学重点、难点

(1)培养减速观察意识。

(2)培养遇行人停车让行意识。

6 学员容易出现的问题

人行横道线内无行人通行时,未按规定减速慢行。

三 通过学校区域和公共汽车站

1 教学目标

熟知观察左右方交通状况的方法,按规定减速慢行、让行,注意禁止鸣喇叭标志,见图6-17。

2 教学内容

学校区域禁止鸣喇叭。

驾驶机动车通过停有公交车的公共汽车站时要提高警惕,预见行人从车前或车后突然横穿道路、非机动车或行人借机动车道超越公交车、公交车突然起步等情况发生。因此应保持随时可以停下来的车速谨慎驾驶,随时做好停车准备,并与公交车保持足够的横向安全距离,仔细观察周围的交通状况,确保安全(图6-18)。

图6-17　禁止鸣喇叭标志

图6-18　通过公交车站

安全知识

驾驶机动车行经学校区域和公共汽车站时危险源增多，驾驶时要有预见性，能观察车辆、行人动态，培养安全驾驶意识。

3 操作方法

行驶至学校区域时，提前减速至30千米/小时以下慢行通过，注意观察行人动态和交通环境，遇行人通过人行横道时应停车让行。

行驶至公共汽车站时，提前减速观察慢行通过，观察公共汽车进出站动态和乘客动态，特别注意同向公共汽车前方或对向公共汽车后方有无行人横穿道路，随时做好停车准备。

4 专项评判标准

(1)不按规定减速慢行的，不合格。

(2)不观察左、右方交通情况的，不合格。

(3)未停车礼让行人的，不合格。

5 教学重点、难点

行经学校区域和公交车站减速观察，礼让慢行。

6 学员容易出现的问题

行驶至学校区域和公共汽车站时，未能全面观察行人动态，未按规定减速慢行。

第四节 安全驾驶素养

一 杜绝分心驾驶

1 分心驾驶的危害

驾驶人总认为事故离自己很远，并且认为自己有一心二用的能力，对驾驶中玩手机存在侥幸心理，认为不会妨碍安全驾驶。殊不知，事故往往就伴随着这些分心行为而来。

驾驶是一项需要高度集中注意力的行为，需要大脑充分调动驾驶人的眼、耳、手、脚协调完成驾驶行为，如果驾驶人精神不集中、麻痹大意、缺乏安全意识，开车将是一项损人不利己的行为。“黄金驾驶三原则”（即集中注意力、仔细观察和提前预防）提到：如果驾驶不集中注意力，则势必无法做到仔细观察和提前预防，安全驾驶也就无从谈起。

随着移动设备的普及，驾驶过程中接打电话的行为愈发普遍，成为分心驾驶的主要原因和安全驾驶的最大敌人。这种行为会导致驾驶人注意力分散、视线离开路面，产生视而不见的“盲视”现象，无法提前观察或无意识地忽略周围交通环境的关键信息；另外，单手驾驶还会造成驾驶姿势或操作动作的变化，遇突发状况无法及时、正确地操控车辆。

2 常见的分心驾驶行为

(1)接打电话、发送信息或玩手机。

(2)驾驶中操作车载系统或查看导航地图。

(3)吃东西、抽烟、喝水。

(4)整理服装和头发或化妆。

(5)拿取车内物品或拾取掉在车内的物品。

(6)长时间过度与车上乘员聊天。

(7)被车上的儿童或宠物分散注意力。

(8)行驶中调整座椅、后视镜。

二 养成预见性驾驶的意识

1 预见性驾驶概念

预见性驾驶是一种保障驾驶人远离险情、提前应对路况变化的安全驾驶理念和技巧，它的核心在于“预防为先”，只有时刻使自己处于远离险情的境地，给自己留有足够的时间和空间，才能在纷繁复杂的道路交通环境中从容驾驶。预见性驾驶属于一种先进的主动安全驾驶能力。培养预见性驾驶能力能够使驾驶人准确地预见各种危险源,并采取一系列的有效操作避免事故的发生。预见性驾驶意识在帮助驾驶人不主动引发事故的同时,还能尽可能保证不让自己陷入危险的境地,是一种综合的防御性措施,可以帮助驾驶人远离危险。

2 预见性驾驶的基本方法

(1)检查灯光、喇叭等车辆安全装置。

(2)检查车辆的车况,不驾驶“带病车”上路。

(3)严格遵守道路交通安全法律法规。

(4)保持足够的视距,保证安全视野。

(5)观察周围环境,眼观六路耳听八方。

(6)视线持续移动不呆滞,瞻前顾后。

(7)保持足够的横、纵向安全距离,预留缓冲空间。

附录一 残疾人专用小型自动挡载客汽车(C5)驾驶辅助装置教学内容

一 辅助装置的结构与使用方法

1 辅助装置的作用

车辆驾驶辅助装置是在小型自动挡汽车上加装一套特殊的操纵装置,能够将多种常规操作集中安装在手控把柄上,让残疾人朋友一只手就可以进行加速、制动、转向指示、鸣喇叭等操作。

车辆驾驶辅助装置适用于肢体残疾者,是针对双下肢残疾且不具备运动或控制功能的人而设置的专用驾驶辅助装置。它是通过发挥连杆与杠杆的作用,将脚对踏板的操作转换为手实现对踏板的操作功能。残疾人朋友通过操作手柄前后移动,完成加速、减速或停车的操作动作。

2 辅助装置的结构

车辆驾驶辅助装置位于身体右侧直立式,由喇叭按钮、锁开关、转向灯开关、操纵手柄和操作连杆组成,见附图 1-1,须符合国家标准《肢体残疾人驾驶汽车的操纵辅助装置》(GB/T 21055—2007)的要求。

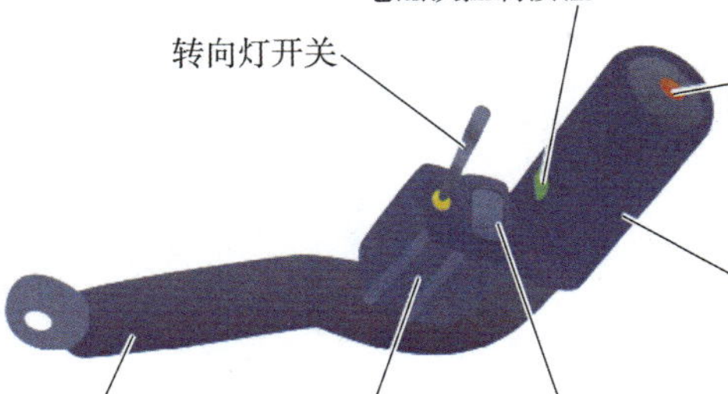

附图 1-1 辅助装置的配置

①喇叭开关。喇叭开关是置于操作手柄上端的红色按钮,由拇指操作。

②锁开关(电磁铁控制按钮)。锁开关在手柄中间位置,用于固定操作连杆的位置;由中指操作,在车辆起动发动机、变换挡位和短暂停车时使用。按下按钮,表示接通电磁电路,锁住操作连杆;抬起按钮,表示关闭电路。

③转向灯开关。转向灯开关置于手柄前端,可由中指操作,左右拨动。

④操纵手柄。操纵手柄通过操作连杆实现对踏板的操作。操作时,右手握操作手柄进行前后移动,向前推是控制刹车踏板减速停车,向后拉是控制油门踏板提升速度。

⑤操作连杆。操作连杆与油门踏板、刹车踏板连接,受到操纵控制手柄的控制。

3 辅助装置的操作方法

(1)起动发动机

右手立掌,轻握操纵手柄,用中指下压“锁开关”按钮,将操纵手柄用力向前推至极限后,再稍向后拉回,锁住制动;松开操纵手柄,手柄便锁在前端,如同踩下制动踏板,起动发动机。

(2)起步、提速

右手握操纵手柄,不按“锁开关”按钮,将操纵手柄向前推,解开制动锁,慢松操纵手柄,车辆即可平稳起步;缓慢向后拉动操纵手柄,车速逐渐提高。

(3)定速功能

当车辆起步后,向后轻拉操纵手柄加速,使车速提高,然后在向后拉动的过程中,可根据速度需要将手松开,这时车辆就保持在松手时的速度行驶,而无须控制加速器。当需要改变速度时,向前或向后移动操纵手柄,解除定速功能。

(4)减速、停车

车辆行驶中需要减速时,将操纵手柄向前轻推,实现松抬油门、踩踏刹车,使车速降低,再继续向前推操纵手柄,达到制动、停车的目的。

停车后,握住操纵手柄,按下“锁开关”按钮,将操纵手柄推至前端,再稍向后回拉操纵手柄,并松开“锁开关”按钮,操纵杆便锁在前端。

二 转向盘操作

方向控制训练的理论、讲解内容、操作原理、视线的观察等,C1、C2 车型的讲解都是相同的,不同的是单手操作控制方向。掌握使用推、拉、揉的动作要领,经过训练就能熟练控制好方向。

在训练初期，要将车速放慢，以学员能控制的车速进行练习，待学员对方向操作熟练后再适当提高车速，特别要观察学员在转弯时的控制能力。方向盘操作动作要领如下：

(1)推拉法：如果右转，在转弯时根据道路情况，左手握于9点位置顺时针推动转向盘；无论推动多少，转弯完成后需拉回至9点位置，完成转弯动作。

(2)揉法：如果右转，转动转向盘超过半圈至一圈时，左手从9点位置顺时针推至3点位置后，松开手指，用手掌下压转向盘揉至9点位置。如果左转，松开手指转腕用手掌下压方向盘，逆时针揉至3点位置，握于3点位置将方向盘拉至9点位置。

在推拉与揉动作交换时，体会动作的连贯性和手型的变化，操作中手不得离开转向盘。

1 方向盘操作方法

左手控制方向盘，右手置于辅助装置手柄上控制制动器和加速器。

方向盘的控制是以单手操作为主，双手操作为辅，在操作条件许可时，可以借助另一只手辅助操作。

方向盘的握法：左手握于方向盘左半圆的中间位置，拇指放在方向盘的内沿上。

方向盘的操作要领：推、拉、揉。

具体操作方法：左手控制方向，在方向盘的上半圆使用推、拉的手法，在下半圆使用揉的手法。在转动方向盘时，正向为顺时针，反向为逆时针，在转动方向盘时先推后揉，或先揉后拉。

推拉法：如右转顺时针，左手从9点位置推至3点位置，转弯完成后，再从3点位置拉回至9点位置完成转弯动作。

揉法：如右转顺时针，左手从9点位置推至3点位置，松开手指用手掌下压方向盘揉至9点位置。

如左转逆时针，松开手指转腕用手掌下压方向盘逆时针揉至3点位置，握于3点位置拉至9点位置。

2 起步操作方法

起步操作要点：挂起步挡，向前推手柄解锁，缓慢松开手柄，车辆起步。

将变速杆从 P 挡挂入 D 挡(或限制挡位),松开手刹,开启左转向灯,观察左后方,前推操作手柄解开制动锁,控制松开手柄至动停点,当车辆平稳起步后再缓慢向后拉动操作手柄,逐渐提高车速。

起步时,只有将操作手柄推至前端锁住,才能将变速杆从 P 挡或 N 挡移出,换入行驶挡位,松开操作手柄,使车辆缓慢行驶。

3 停车操作方法

停车操作要点:向前轻推操作手柄减速停车(附图 1-2),按下制动锁开关按钮,用力向前推后稍向后拉松手,将制动锁锁死,变速杆回置 N 或 P 挡位置,拉紧手刹。

附图 1-2 停车时向前轻推操纵手柄减速停车

车辆行驶中,将操作手柄向前轻推即是减速,车速逐渐降低,再继续向前推时就达到刹车停车的目的。

让学员反复体会操作连杆前推时制动的力度、长距离的减速停车与相对短距离的减速停车时操作连杆不同的力度控制,达到平稳停车。

停车后,按下操作手柄上的制动锁开关按钮,推至前端,稍向后回拉并松开按钮,操作连杆便被锁在前端。

4 单臂控制方向盘转向的操作方法

右手将操作连杆控制在动停点位置,左手控制方向盘向左或向右转动,始终让车速稳定在低速缓慢行驶,特别适合在 8 字路、曲线路进行训练。

利用制动器控速:是利用制动器使车速降低,使车辆低速缓慢行驶同时转动方向,两手协调配合控制车辆行驶。

附录二 本手册配套数字资源

1. 科目二场地驾驶技能考试通用评判标准

2. 科目三道路驾驶技能考试通用评判标准

3. 侧方停车项目设置与专项评判标准、教学演示视频

4. 坡道定点停车和起步项目设置与专项评判标准、教学演示视频

5. 直角转弯项目设置与专项评判标准、教学演示视频

6. 曲线行驶项目设置与专项评判标准、教学演示视频

7. 倒车入库项目设置与专项评判标准、教学演示视频